親愛なる松田直樹氏に捧ぐ。

岡山劇場

声は届き、やがて力となる。

はじめに。

18年で10チーム転々としたから、1チーム2年おられへんかった計算になるねんな…

正直、しんどかった。

俺は「複数年契約」というものを一度もしたことがない。

1年、1年が勝負やった。


セレッソ大阪で初めて戦力外通告を受けて、どこからもオファーがなく、ギリギリで川崎フロンターレに拾われたときから、俺は「考えを変えないといけない」と自分に言い聞かせた。

日本代表になる、という夢があったからやってこれたけど、今考えると、夢見ている自分に酔っていた。

（フロンターレをクビになったら、好きなサッカーで飯が喰えなくなるねんぞ！）

日本代表はどうやったら、誰が認めたら、どんなプレーをしたらなれるか分からんけど、チームとは監督・フロント・スタッフ・サポーターが認めてくれれば契約してもらえる。

本田（本田圭佑氏）みたいに絶対的な存在やったら自分を貫いていけるやろ。それを周りは「スーパースター」と崇めるんやから。

毎年、何百人と入れ替わるJリーガーの1人でしかなかったから、「岡山一成はこんな選手です」とアピールできるものが欲しかった。今さら急にサッカーが上達するわけがないから、チームに絶対的に必要な選手になりたかった。

（チームにはどんな選手が必要か？）

逆の立場で考えて実践していったものが、いつの間にか「岡山劇場」と呼ばれるようになっていた。

今まで一緒に劇場をやったサポーターには絶対に読んでもらいたい。共に笑い、共に泣いた思い出として、オモロく読んでもらえる自信はある。

あと、「必要とされない」と悩んでる人にヒントになればいいなあと思う。俺自身がいっぱい悩んだテーマやから。

それでは、岡山劇場開演します。

岡山劇場　声は届き、やがて力となる。

CONTENTS

第一章 等々力

「1万人の中で試合がしたいんです！お願いします！」

自分でも気付かないうちに、ヒーローインタビューのマイクを奪って叫んでいた。

フロンターレに来て一番驚いたことは、等々力競技場の臨場感のなさやった。

それまで在籍したチームでは、試合になると、例え満員じゃなくてもスタジアムは独特の雰囲気を醸し出していた。

でも等々力で試合をするときは、なんだかがらんとした空気が流れている。

（このチームは、川崎のチームとしてまだ地域に根付けてないんやな…）

人が来ないサイン会

商店街のイベントでサイン会をやることになり、選手4人で向かったときのこと。俺にとってはフロンターレでの初めてのイベントやったから、

（しっかりとファンサービスをしよう！）

と思っていた。

第一章

等々力

どれだけ地元の人達が集まってくれているのか、期待に胸を躍らせながら会場入りしたときは、3人の小学生が待っているだけやった。

(時間になれば集まって来るんかな…)

と思い、そのまま控え室に入った。

でも予定の時間となり、会場に戻ると、さっきの光景のままやった。3人がテーブルの前でワクワクしながら待っている、15分前の状況のままやった。

(デジャヴかい!)

「俺ね、色紙とボールどっちにもして欲しいけど、1人1個だし、どっちにしてもらおうかな」

大抵のサイン会では混乱や時間制限のために設けてあるルールやけど、混乱?時間制限?そんなんあるかい!1分で終わったわ。

「えー!いいの?サインいっぱいもらってもいいの?」

再びもらいにくる子供達3人、可愛かったな。

「帽子にも、筆箱にも、下敷きにもいいの?すごく嬉しい!」

ありがたかった。こんな状況に気を遣って、俺達を傷付けないように喜んでくれてるのに、それでも10分も経つとしらけた空気が漂い出した。

「ねえ、どうして誰も来ないんだろうね。みんな知らないのかな？」

「そうだ、みんなに教えてあげようぜ！フロンターレの選手が来てるのを」

そう言って、目の前の道路に飛び出して、道を歩く人達に声をかけだした。

「ねえ、フロンターレの選手が来ているから、もらってあげてよ」

「今、4人も選手が来てるのに、俺達3人しかサインをもらいに来てないからかわいそうじゃん」

「今ならヒマだからサインもらいたい放題だよ！」

子供達は正直やな。俺達を哀れに思ったんやろう。通りすがりの同じ小学生や主婦の人達に声をかけてくれた。でも、

「フロンターレってナニ？」

そう言う人がほとんどやった。

　スタジアムのすぐ近くにある商店街でこの認知度である。

　子供達は、それから何人かサインをもらってくれる人達を連れて来てくれて、サイン会は終わった。

第一章

等々力

「こんなサイン会は二度とせんといて！」

俺は運営スタッフに言った。

恥をかいたからじゃない。意味のないものやったから。

待っていて人が来ないんやったら、自分達から行かなあかん。ポスターを貼ったり、商店街のイベントに参加して、フロンターレの認知度を上げていかなあかん。

そうして、一緒に取り組んだのが運営スタッフの天野さん（天野春果氏）やった。斬新なアイディアと実行力でフロンターレをJリーグ有数の人気クラブに押し上げた人である。そして後に、岡山劇場の初代支配人にもなる人である。

「オカ、悪かったな。でもこれがフロンターレの現状なんだ。クラブが地域に愛されるためには、選手による直接的な行動が必要だと俺は感じている。でも、そのためには選手とスタッフ、クラブの全員が同じ気持ちにならないといけないんだ」

一番の弊害は、練習場と事務所が離れていることやった。車で1時間ぐらいの距離やから、選手と運営スタッフが顔を合わす機会がなかなかない。これはどこのクラブもそうやけど、それをどう埋めるかがチームのキモになってくる。

それに気付いた俺はまず、天野さんと直接連絡を取るようにした。

天野さんとの出会い

普通、現場と言われる練習場のトップは監督で、現場と事務所を繋ぐのがGM（ゼネラルマネージャー）だ。だけど、それは強化の面に限ったことであって、実際に選手と事務所を繋ぐのは広報である。

広報は選手にいろんな出演依頼をするから、接する機会が多い。だから、運営スタッフは広報の担当者にイベントなどへの選手の参加を依頼する。

これが良くない。

ビッグクラブには、広報が2人以上いてるのが普通やけど、1人でやっている場合はとてもじゃないけど手が回らない。だから、どうしても広報の仕事を優先して、地域の行事やイベントなどは後回しになる。それに基本的には、広報は選手にイベント参加を「お願い」する立場で、選手の機嫌を損ねないように気を遣う。

選手としても、自分の商品価値を下げるようなことはしたくない。

良い依頼もあれば、そうでない依頼もある。

テレビ出演ならいいけど、ドサ回り的なものは嫌がる傾向にある。

イベントに関しても、ギャラが発生するのもあればそうでないのもある。

第一章

等々力

自分個人を指名してきたものなのか、チームの誰でもいいのかも気になる。

スポンサー絡みなのか。単発なのか、継続していくものなのか…

いろんな話を広報から聞かされる中、自分の状況や気持ち的なものを含めて、了承するか断るかを決める。

偉そうにと思われるかもしれんけど、自分の価値に人一倍敏感なのは、個人事業主として働いているプロ選手の性やと思う。特にプロで試合に出て何年も活躍しているスター選手は自我が強いし、そうでないとこの世界に向いているとは言えない。

逆に広報や運営のスタッフは大抵が会社員やから、お互いの価値観が合わないのも仕方がないし、必要以上に選手に対して気を遣うようになる。

そういう関係性の中で、広報は運営スタッフから依頼されて選手に話を振る。

自分で企画立案したものではないから、大まかな説明はするが十分に理解しているとは言い難い。だから選手が渋ると、なかなか強くは言えない。

そうなると、若手選手や断りにくい立場の選手（怪我などでプレイヤーとして結果を出していない選手とか）など、頼みやすい選手に振り分けていく。顔ぶれも、毎回同じ面子になってくる。頼まれた方も、機械的にこなすようになる。それでは、イベントも盛り上がるわけがない。

フロンターレは、富士通という企業が母体のチームだ。

出向という形で在籍しているスタッフがほとんどやった。

このチームを本心から良くしたいと思ってるのか。いつか本社に戻るときのために、自分の評価を上げようと頑張っているのか。選手の立場からはよく分からない。

（いつかは本社に帰るんやろうな…）

と思ってしまうと、その人の言葉は響いてこない。

でも天野さんは出向ではなく、スポーツマネージメントのスペシャリストとしてフロンターレで働いている人だ。だからこの人となら、頑張っていけると思った。

「上の人間が変わらなければ、いくら言っても変わんないっすよ。そうやって選手だけに責任を押し付けるだけやん」

お互いの立場の違いから天野さんと言い合いをしたこともある。

「この先、必ず俺が責任ある立場について、フロンターレを変えてみせるから」

天野さんのこの一言は、ずしりと心に響いた。

チームスタッフの人が、こんな風にポストや出世についてはっきりと口にしたのを初めて聞いたから。

Ｊリーグのチームは、旧日本リーグ所属の実業団チームが多い。だからフロンターレの富士通や、横浜Ｆ・マリノスの日産、柏レイソルの日立のように、ほとんどのチームには親会社がある。だから、社長のポストはどこの会社から、専務はあそこ、そんな風に選手ですらチームの状況は分かっていた。

（サッカーも知らないヤツがなんでトップやねん！）

こんな気持ちを抱いたこともあった。

だけど、天野さんは本気でＪリーグクラブの在り方を変えようとしていると感じた。

（天野さんやったらほんまに変えれるんちゃうかな…）

そう思わす力があった。

（等々力競技場、サッカー専用じゃないし、なんかどんよりしてるしな…）

（川崎はスポーツが根付かない街やし、サポーターも全然いないしな…）

全部言い訳にしていた。

そんな想いを変えさせられる一言を、天野さんは言ってくれた。

「俺たちスタッフが何百回言っても伝えられない想いを、オカの一言でみんなに届けることができるんだぞ。だから、オカが思うことをなんでもいいから、声にして届けてくれ。それによって、なにかまずいことが起きても俺が責任とるから」

それまで、俺はその場の「ノリ」でマイクパフォーマンスをしたり、サポーターと一緒に盛り上がったりしていた。時にはプレーするとき以上の声援をもらえた。それが楽しかったし、嬉しかった。

でも、正直何か考えてやってたわけじゃない。行き当たりばったりやった。天野さんには、それでは「楽しい」だけで終わってしまうと諭された。

今の環境を嘆くよりも、良くなるように変えていくために、俺個人ではなく、チームが愛されるにはどうすればいいかを話し合った。

想いを伝える

「1万人の中でプレーがしたいです！1万人入ったら、選手は燃えるし、すんごい後押しになる。だから、みんな友達を連れて来てくれ！」

第一章

等々力

フロンターレに入って1年目の2002年秋。俺はヒーローインタビュー用に用意されていたマイクを奪い、無我夢中で叫んでいた。そうしたら、昇格に向けた大一番のセレッソ戦で、2万人のお客さんが入った。

「俺たちスタッフが何百回言っても伝えられない想いを、オカの一言でみんなに届けることができるんだぞ」

天野さんが言うた通りやった。

「1万人来てとお願いしたら、2万人も来た。だったら早く来んかい！」

試合後、マイクを握って叫んだ。青一色となったスタンドから笑いが起きて満足。

でも、次の試合に来たのは3千人。また元に戻ってしまった。

ショックやった。

2万人来てくれて、その人たちに良い試合を見せれたから、また2万人とまではいかなくても、1万5千人ぐらいは来てくれると思っていた。

「なんでなん。どこに消えてん。あれだけの試合を見て、また見たいと思わんの？もう分からんわ」

天野さんに愚痴った。

「前の試合はW杯（ワールドカップ）で活躍したセレッソの森島選手（森島寛晃氏）がいたから。だから、みんながフロンターレのファンってわけじゃなかったんだよ」

そしてもう1つ、ショックな出来事があった。

後日送られてきたファンレターを読んでいたら、こんなメッセージが。

「だったら早く来んかい！……という言葉はショックでした。岡山選手が1万人の中でサッカーをしたいと言っていたのを聞いて、サポーターも反省し、みんなで毎日一生懸命ビラ配りをしたんです。それだけは分かってください」

反省した。

2万人も来てくれた裏には、努力してくれたサポーターの人達がいたのを初めて知った。俺がマイクパフォーマンスをしたことがきっかけだったとはいえ、それだけで2万人も来てくれたわけじゃなかった。

天野さんと一緒にファンレターをくれた人に会いに行き、謝った。

これまでは、スタジアムの中でマイクを握っているだけだったけど、それだけじゃお客さんは増えないんだ、ということを知った。

来てくれた人達を楽しませることも選手の仕事だけど、それだけでいいのか？スタッフだけじゃなく、サポーターもこんなに頑張ってくれているのに。

(待っていて人が来ないんやったら、自分達から行かなあかん)

俺はその人にお願いして、ビラを一緒に配らせてもらうことにした。

自分だけじゃなく、他の選手やスタッフも巻き込んでいった。

俺は2004年までしかこのチームにいなかったけど、今では社長も一緒にみんなで配るようになっているらしい。

観客動員が平均3千人だったチームが、今では平均で1万6千人以上もお客さんが来てくれるようになった。

岡山劇場の原点

結局、その年は4位で昇格できなかったけど、2003年になってからも、俺はチャンスを窺っていた。

35節を終えて3位。昇格ラインの2位まで勝ち点4の差で、次はいよいよトップを走るアルビレックス新潟とのホームゲームという大一番を迎えるとき、俺はまたマイクを奪って叫んだ。

「1万人の中でプレーがしたいです！」

結局その年も、それまで1万人来た試合はなかった。でも、今年こそ昇格を果たすためには、絶対にサポーターの後押しが欲しかった。

新潟戦には、去年より多い2万1千人のお客さんが入った。そして3対0と快勝！

試合後の挨拶のため、場内を回っていつものようにGゾーン（熱心なサポーターが陣取るエリア）に到着すると、逆さにしたビールケースの上にトラメガが置いてあった。

「オカ、専用のステージ作ったぞ。オンステージ頼むよ！」

それまではGゾーンに行くたび、要求されるでもなく、自分からサポーターにトラメガを借りに行って、好き放題してた。

それが、小さいながらも自分のためのステージが用意されている。

ほんまに嬉しかった。

トラメガを手にしようとして気付いた。

（小麦粉？）

定番の料理用の小麦粉の袋が、トラメガの横にポツンと置かれていた。

「なんで小麦粉が置いてあんの?」

それが岡山劇場としての第一声やった。

「なんかそれでおもしろいことしろー」

(無茶ぶりやん!)

サッカー界では、誕生日の選手に小麦粉と卵をぶつけることはあるけど、誰も当てはまらんしな…

(そや、いいこと思いついた!)

みんなで勝った後にいつも歌う歌が終わる頃に、小麦粉の袋をほどいて、サポーターに向けて投げつけた。

風で戻ってきてほとんど俺にかかったけど、みんなで白くなった。

みんなで笑った。

(もう、これでいけるやろ)

どんだけお客さんが入ってくれるか、次のホームゲームを楽しみにしていた。

それでも、現実はそんなに甘くなかった。これだけ盛り上がった試合の後なのに、やっぱり次の試合には7千人しか入らなかった。

「オカ、この前の試合に比べたら少ないと思うかもしれないけど、それでも平均より確実に3千人は多いんだぞ」

ショックを受けていた俺に、試合前で忙しい中、天野さんが声をかけてくれた。

「あの試合を見に来てくれたお客さんの中で、また、フロンターレの試合を見たいって、3千人も来ているんだぞ。ファンになってもらえるチャンスを見逃すなよ。愚痴は後で聞くから、テンション上げていってくれよ」

このチャンスを逃したらあかん。

過去最高の2万1千人の集客という現象を一過性のものにしてしまうか、日常的なものにできるかは、ここにかかっているんだと教えられた。

俺はロッカールームに漂っていたどんよりした空気を変えるために言った。

「ええか、1万人も来てないのか、じゃないで。前の試合に来てくれた2万人のうち、3千人はフロンターレのファンになりかけてんねんぞ！チームにとってどれだけでかいか分かるやろ。今日来てるお客さんみんなフロンターレサポにしてやんぞ！」

天野さんの想いを選手みんなに伝えた。

みんなのテンションが上がった。

何も俺だけではない。みんなだって、より多くのサポーターの前でサッカーがしたい。お客さんがいっぱい入ったら給料が上がる？そこまで難しく考えてない。純粋にガラガラのスタンドよりも、満員の方がサッカーしてて楽しいから。燃えるし、やりがいを感じるから。だから、あの当時のフロンターレの選手達は、観客に餓えていた。歓声を求めていた。

　このことがあってから、お客さんがどうしたらリピーターになってくれるか、どうしたらフロンターレのサポーターになってくれるかを考えて、行動していくようになった。

演者から舞台監督へ

「チームを応援しているのはGゾーンだけではないんです。メインスタンドやバックスタンドも同じくらいの気持ちで応援しているんです」

こんなファンレターをよくもらうようになった。

「座っている人＝観客＝お客さん」

「立っている人＝サポーター＝仲間」

俺はそれまで、明確に区別していた。

ほんまに間違っていた。

俺がJリーグに入った頃には、サポーターという存在がすでに確立されていて、存在自体が当たり前のものやった。だから、個人個人がどんな理由で、どんなきっかけでサポーターになったのかを知ろうともせず、ずっと前からサポーターとして活動しているものだと決めつけていた。増えたり減ったりする感覚がなく、いつまでもあの場所で歌い続けていると思っていた。

それが勘違いだったということを、こんなファンレターが教えてくれた。

「オカのおかげで、自分もGゾーンでバカ騒ぎしたいなと思い、Gゾーンデビューしました！」

こんなことも分からんかったんや。

サポーターも、いきなりGゾーンで声を出すんじゃなくて、観客からファンになり、サポーターとしてGゾーンで声を出すようになる。Gゾーンのサポーターが増えると、スタジアムに臨場感が出る。選手だけでなく、観客も気持ちが乗ってくる。雰囲気が良くなる。岡山劇場をやることによって、俺とサポーターが一緒に楽しんでいる空気が伝われれば、きっと観客みんなが楽しんでくれるようになる。リピーターになって、またスタジアムに来てくれるようになる。そしていつかは、自分もあのGゾーンで声を張り上げてみようかな、と思ってくれるようになるんじゃないか。

俺は観客みんなに「Gゾーンに行きたい」と思ってもらえるように、岡山劇場を「参加型劇場」にしていくようになる。

手拍子

「みんなー!選手がいいプレーをしたときや、チームに勢いを付けようとするときには、サポーターのコールに合わせて、手拍子してな!それが後押しになるから!」

メインスタンドやバックスタンドのお客さんの近くに行き、そう言ってまずは俺自身がGゾーンのサポーターのコールに合わせて手拍子をする。それに合わせて一緒に手拍子をして欲しいと、試合前に叫んで回った。そして、みんなが手拍子してくれるまで、その場で手拍子し続けた。

バラバラなリズムが一体となったときは、心地良い雰囲気になる。

ワンブロックごとに合わせていき、スタジアムが一体になったときは、臨場感が出て本当に気持ちが良い。それが試合中だったら、大きな戦力になる。

初めてそれを実感したのは、日本がW杯初出場を決めた直後のマリノス時代だった。W杯の初出場を決めた後のフィーバーぶりは凄かった。

城くん（城彰二氏）や能活さん（川口能活氏）、井原さん（井原正巳氏）ら日本代表のプレーを見ようと、たくさんの人がホームだけじゃなく、アウェイの試合にも駆け付けるようになった。

普段は満員にならないチームとのアウェイ戦でも、立ち見席が出るくらいお客さんが集まった。

でもこの人達がほんまに厄介で、最初はマリノスの代表選手に歓声を送ったり、写真を撮ったりして、マリノスファンのような顔をしていたのに、試合が進むにつれて、必ず自分達の地元のチームを応援するようになる。

日本代表のスター選手が多く在籍して、なおかつ上位にいるマリノスに対して、おらが街の名前も知らない選手達が一生懸命頑張っている姿を見て、勝たしてあげたいと強く思うのだろう。「頑張れ！」と思う気持ちが手拍子になり、そのチームのサポーターと連動しだすと、場の空気が一気に相手の方に傾く。

1人1人のバラバラの手拍子はあまり気にならないけど、何千人、何万人の意思が統一された手拍子は圧力になる。ホームの選手は、背中を押してもらってるかのごとく押し寄せてくるし、アウェイのこちらは、圧迫感を感じて足が重くなったような気にさせられる。

それまでは声を張り上げていたり、手拍子をしていたのはサポーターだけで、それだったら限定された場所からしか聞こえないから、対処しやすい部分がある。サポーターは主にゴール裏に陣取っているので、その付近では選手同士の声が聞こえにくいのは織り込み済み。そこだけをケアすれば良かった。

だけど、それがスタジアム全体に波及していくと、全方向からの圧力を受けるのでやりにくい。

「なんやねんあいつら、最初は味方やったのに…」

そんなことを何度も経験した。

だけど、ホームの選手として等々力でプレーしていても、そういう感覚は味わえなかった。アウェイの選手達も、等々力でそれほどやりにくさを感じたことはないだろう。

（手拍子をしてもらいたい！）

「参加型劇場」にしていくために、まずはそこから始めた。

そんな想いで続けていたら、いつからか、Gゾーンに陣取っていたサポーターも観客席を回り、「自分達のコールに合わせて手拍子してください」とお願いするようになっていった。

そうして少しずつ、「観客」と「サポーター」の垣根をなくしていった。

意思表示

手拍子をしてもらうように促したのは、臨場感やホームの雰囲気を出すためという狙いの他に、もう1つ狙いがあった。

それは、明確な「意志」を示してもらいたい、ということ。

今の等々力では考えられへんけど、あの当時スタンドはガラガラやった。だからお客さんは、空いている席に座る。こういうお客さん達が試合を見に来る動機が、選手の立場からしたら分かりにくかった。

（フロンターレを応援しに来てくれてるんやろか？それとも相手のチーム？まさか、たまたまヒマやったからとか？でもそんなんでわざわざお金払って見に来るんかいな…）

Ｇゾーンのサポーターは分かりやすい。

だけど、そこはサッカーを見る上ではあまり良い場所じゃない。センターラインに近いところが一番見やすいから、当然、お客さんは見やすい中央に集まる。

観客がまばらやったから、Ｇゾーンと中央との間に、溝ができたような感じになってしまっていた。

中央で見る人達は、フロンターレを応援しに来てくれているのか？

下手をしたら相手チームを応援している場合もある。

だけど、俺が呼びかけて手拍子をしてくれる人達には、間違いなくフロンターレを応援する「意思」があるのが分かる。

しない人達にはそれぞれの理由があるだろうから、その人達それぞれの事情を聞くよりも、手拍子をしてくれている、意思表示をしてくれた人達を、「観客」から「サポーター」に変えようと思った。

「フロンターレを応援してくれるみなさん！」

意思表示してくれている人達に、俺は呼びかけた。

「サポーターの近くで、一緒に手拍子をして応援して欲しい！だから、みんな立って！はい！移動して下さい！」

そう言って、試合前に少しでもGゾーンに近い席に移動してもらった。

根気良く続けていったら、少しずつだけど「サポーター」が増えていった。

未完のまま幕を閉じた劇場

2003年の最終戦、2万2千人以上の超満員のサポーターで埋め尽くされた等々力で、目の前の相手・サンフレッチェ広島を破ったものの、勝ち点1足りなくて昇格することができずに、俺をフロンターレに誘ってくれた監督の石さん（石崎信弘氏）が退任になった。

「みんなが一生懸命やっての結果だから仕方がない」

石さんはそう言ってくれたけど、俺にはそう思えなかった。

（あのときもっとこうしていれば結果は違ったやろうに…）

オフの間もずっと後悔ばかりしていた。

新たなシーズンに向けて、心と体を休めないといけないのに。

結局、心身のバランスを欠くと怪我につながると言われるように、膝を怪我してしまい、開幕前に手術することになった。

怖かった。

(もう前みたいにボールを蹴れないんじゃないか)

そんな不安との闘いの中、フロンターレの開幕を病院のベッドで迎えた。

快進撃が続き、嬉しい反面焦りを抱えたまま、リハビリの日々を過ごした。

結局、選手として戻ってきた頃には独走で首位を走り、ほとんど昇格が決まっていた。


自分は昇格に何も関わることができなかった。

「オカがこの等々力の雰囲気を変えてくれたおかげだよ」

いろんな人が言ってくれたけど、やっぱり選手として試合に出ていないと、素直に喜べない自分がいた。

あれだけチームのためにとオモロいことをやってきたけど、それは試合に出ていたからやれたんであって、試合に出ていないのにやるのは抵抗があったし、惨めな気持ちになってしまう。

これだけ大好きなフロンターレでも、自分が出ていないと感情を抑えてしまう。結局、自分勝手な人間なんやと自己嫌悪する部分もあったけど、選手としては試合に出てナンボやろう、と納得した。

出場機会を求めよう。

岡山劇場どころではなく、試合に出たい気持ちを抑えられなかった。

そうして俺は、レンタル移籍という形で、本籍はフロンターレに残したまま、アビスパ福岡に移籍することになった。

等々力での岡山劇場は、未完のまま幕を閉じた。

第二章　日立台

「石さん、俺、要らないっすか？」

２００６年、フロンターレで2年間一緒に闘った石さんがレイソルの監督に就任することを聞いて、逆オファーを出した。

そうして再びフロンターレに籍を残したまま、レイソルにレンタル移籍することになった。

この電話が、後に日立台（日立柏サッカー場）での岡山劇場の幕開けになるとは思ってもいなかった。

痛み

その1年前。俺はアビスパにレンタル移籍して、再びＪ２の舞台でＪ１昇格を目指すことになり、初めて九州の土を踏んだ。

このチームに行ったことは、かなり大きな経験になった。

今だから正直に言うわ。

子供じみた考えやったけど、フロンターレのサポが好きやから、アビスパのサポとは

第二章

日立台

あまり仲良くせんとこうと意識していた。レンタル移籍をする際に、フロンターレサポから5百通ぐらいメールをもらい、「絶対に帰って来てくれ」と想いを伝えられていたし、俺も絶対に帰ると決めていたから、アビスパサポからしたら、オモロいことをやる選手と思っていたら、愛想の悪い、帰りたいオーラを出していた俺のことを嫌いになっていっても仕方がないな。

こんな気持ちで行っていたから、「アビスパのために」という献身的な気持ちを持っていないことを見透かされていた。アビスパに生活のすべてを捧げて支えている人達には、俺のそんな姿勢が鼻についたのかもしれん。

それでいて、やっぱりアビスパサポは過激やった。フロンターレサポが優しかったのもあるけど、試合内容によってブーイングがすぐにおきるのも嫌やった。

こうなってくると、どっちが悪いとかじゃなく、お互いに相手の存在を認めないようになってしまい、試合中にサポーターから「アビスパのユニフォームを着ないでくれ」とまで言われるようになった。

サッカーしてても、ほんまに楽しくなかった。

チームがどうなろうと、「来年ここではサッカーをしない」と心に決めた。

そうしていつしか、サポーターは俺に対してコールをしなくなり、俺も挨拶をしたくなくなった。

そんな俺のふて腐れた態度が、あの事件をおこしたのかもしれん。

シーズンも終盤に差し掛かった三ツ沢競技場での横浜FC戦に完敗したときのこと。試合後サポーターの前に行き、みんなが頭を下げようとしたときに、1人の男が飲んでいたビールの缶を踏んづけた。そしてくしゃくしゃになったそれを拾い、選手に向かって投げつけてきた。

「やめろ！」

その男に向かって叫んだ。

幸い選手に当たることはなく、誰も怪我をしなかったけど、頭に刺さったらどんな風になっていたか。

「そいつを捕まえてくれ！」

俺は指を指して喚いた。すると慌てた様子でその男が逃げ出したから、思わず叫んだ。

「逃げんなよ！」

第二章

日立台

しかし、これが事情の分かっていないサポーターには、ブーイングをしている自分達に岡山が文句を言っていると映ったらしく、ついに堪忍袋の緒が切れたサポーター達が、怒りに震えた様子で次々にフィールドになだれ込んで来た。

三ツ沢はスタンドからすぐにフィールドに下りられるから、何十人ものサポーターが一斉に俺に向かって走って来た。

ほんまに怖かった。

幸い、チームメイトやスタッフ、監督などに守られて、危害を受けなかった。証拠となるビールの缶が残されていたし、周りの人達が缶を投げた男を目撃していたから、サポーターも納得してくれた。

後日チームの仲介のもと話し合い、今後はお互いに干渉しないことになった。

サポーターは凄い味方でもあるけど、敵に回すとこれほどきついものはない。だから、絶対に敵にしたらあかん。味方に取り込まないとサッカーどころではなくなると思った。

この経験が、日立台での岡山劇場の原動力となった。

バラバラになったチーム

レイソルに合流したときに感じたのは、チームの中が2つに分かれてしまっている、ということだった。

大概チームというのは､元の所属選手の一団に数人の新加入選手が加わるのが普通で、新加入選手にとっては集団の中にいかにして溶け込むか、ということが移籍の際のキモになるのだが、当時のレイソルは状況が違った。元からいた選手と新加入の選手が半々ぐらいやったから、違うチームが2つある感覚やった。

前年度のJ2降格によって、他のJ1チームから草狩り場にされ、多くの選手がいなくなってしまったという事情がそこにはあった。

1年でJ1に復帰しようと結束しているチームには､大抵の選手が残留する。だけど、その当時のレイソルのレギュラー選手は、ほとんど移籍していった。

こんな状況は異常である。

だから、原因を探らないとチームは結束しないと思った。

ベテランが数人と、あまり試合に出ていなかった若手が残っていたが、伸び盛りで、試合に出て経験を積んだ中堅の選手がごっそりといなくなっていた。

まだ打ち解けていないうちから、ずけずけと聞いても本音を喋ってくれないから、一緒にメシに行ったり、飲んだりしながら、徐々にチームの状況を聞いていった。

「出て行った選手達を悪く言わないで欲しい。みんな一緒に闘った仲間だから…」

自身も他のチームからオファーがあり、悩んだ末に残留することを選択したシュウシャ（平山智規氏）が呟いた。

「それぞれに事情があり、仕方がなく出て行ったのを知っているから、そっとしておいてあげて欲しい。去年のレイソルは、チームが崩壊した。それは、選手もスタッフもフロントもサポーターも、みんながバラバラになってしまったから…良いときのレイソルを知っているから、こんな風に簡単にチームが壊れてしまって、悔しかったし情けなかったけど、やっぱり…悲しかった。大好きなチームだったたから余計にね」

このときのシュウシャに感じたのは、「もうあんなチームになることはないんだ」という諦めの感情だった。

「じゃあ、なんでシュウシャはＪ１のチームに行かずにレイソルに残ったん？代表だって、Ｊ１でプレーしていた方が可能性あったやん」

そう尋ねると、シュウシャは苦笑い。

「やっぱり、レイソルが好きだし、俺、新しい環境にオカみたいにすぐに馴染めない。だから、ここで、サッカーすることに決めた」


もう1人、レイソルの生え抜きとして天国と地獄を味わった選手が、キャプテンに就任したユウタ（南雄太氏）やった。

「いつからか、あのときは良かったのに…という感情がチームに漂い出していた。優勝争いをしていたときは緊張感があったし、良い流れだったのが、いつからか中位争いをしだすようになってからは緩んだ空気が漂い出して、気付いたら残留争いをする状況になっていった。そうなると、今まで出なかった不協和音がチームに鳴りだし、歯車が狂ったように崩壊の流れに抗えなかった。選手にも、フロントにも、サポーターにも、大きな溝ができてしまった。今はこの溝をどう埋めたらいいのかさえも分からない。だけど、J2に落とした責任を感じてるし、キャプテンを引き受けたからには、なんとかJ1に復帰する道筋を示したい」

この他にもいろんな人達と話し合った結論として、チームを切り裂いてなお障害として残る溝をなんとかしないとあかん、と思った。

チーム構成は大まかにやけど、選手と監督・スタッフ、フロント、サポーターに分かれる。選手については、同じ目標を持ったサッカー好きが、同じ釜のメシを喰っていくと自然にまとまりができてくる。俺はスタッフやフロントからは、チームのまとめ役を担うことを期待されていたから、問題ない。

やはり、サポーターとの関係をなんとかしないといけないな、と思った。

本当の理由

俺はチームを移籍するたびに、そこの選手がサポーターにどんな印象を持っているかを聞くようにしていた。

「うちのサポーターは大人しい」

「うちのサポーターは熱い」

「うちのサポーターは手がつけられない」

など、その印象は様々だったけど、そのチームの選手が抱くイメージと、俺自身が後に感じる印象とでは、ほとんど差がなかった。

「うちのサポーターは終わってますよ…」

しかしレイソルでは、ほとんどの選手が口にしたのがこの言葉やった。「終わっている」なんて言葉を聞いたのは、後にも先にもレイソルだけやった。何をもって終わっているのかと聞くと、それぞれの意見があった。

まずは負けた試合後のヤジ。

日立台というスタジアムの構造上の問題もあるけど、試合後にクラブハウスに戻るときに、どうしてもサポーター席の下を通らないとあかん。仮設スタンドやから隙間があり、水やジュース、ひどいときには泥水なんかをかけてくる。「頭を冷やせ！」「泥水をすすれ！」などの口汚いヤジと一緒に。クラブ側が対応しようにも、長い廊下みたいな道のすべてを完璧に警備することなんかできない。

選手の家族がクラブハウスに停めてある車に戻るときも、選手が不甲斐ない責任は家族にもあるとの考えからか、ひどいヤジが飛ぶ。

「おまえと結婚して〇〇は駄目になった。この下げマン女が！」

「お前の父ちゃん最悪やったから、家でしっかり反省させろ！」

選手の自尊心はズタボロにされる。

（なんでここまで言われなあかんねん！）

そんな感情が、どうしても湧き出てきてしまう。自分が悪くて、自分に何か言われるのはまだ理解できたとしても、家族のことを言われると、つい感情をむき出しにして突っかかってしまう。そうなると、火に油を注ぐことになり、サポーターはさらにその選手を徹底的にヤジってくる。

そんな感情的なしこりができてしまうと、「サポーターのために」なんて思えるわけがない。


その積み重ねがあった中、２００５年の4月に大変な事件が起きてしまう。

それは名古屋グランパスのサポーターとの乱闘事件やった。

試合後に、勝利したグランパスサポーターがなかなか歌うことをやめなかったり、一部のサポーターが挑発的な言葉を発するのに対し、数十人のレイソルサポーターがグランパス側の応援席に乱入し、乱闘騒ぎになったのだ。

双方のサポーター十数人が負傷したこの事件は、レイソルを愛する人達に大きな傷を残したし、もちろん、「世界一安全なリーグ」を標ぼうするJリーグ全体にも、衝撃を走らせた。

クラブは、防犯カメラなどで特定することができた十数人に対して無期限の「スタジアムへの入場禁止」というペナルティを課し、彼らが所属するサポーター団体には1年間の「スタジアムでの応援活動禁止処分」を下した。それでもなお、多くの人間が特定されないまま、もしかしたら、サポーターの中にずっといてるかもしれない。そんな集団に対して、心から「その人達のために」と思えるだろうか。レイソルの現場に関わるすべての人達が、サポーターに対して不信感を持ってしまっても仕方がない。

J2に落ちたから、選手がいなくなったのではなく、

(このサポーターに応援されたくない)

(いつか、自分や家族にも危害が及ぶんではないか)

そんな気持ちで移籍を決断したという話を聞いた。

もちろん、すべてのサポーターがそういう人間でないことは分かっている。

一部の、まさに「フーリガン」と呼ぶにふさわしい、ストレスのはけ口を求めている

ヤツらは、クラブに関わる選手やスタッフ、関係者が何を言っても聞く耳を持たない。何度メッセージを送っても、自分達の価値観で暴れたり、騒いだりする。

（こんな連中、いなくなればいいのに…）

そんな風に思うようになってても仕方ないやろ。

そうした想いを抱えたままの選手が、他のチームから誘いが来て、どう考える？

（あいつらがいなくならないなら、自分がこの場所を去ろう）

そうやって、レギュラーだった選手のほとんどがチームを去った。

「出て行った選手達を悪く言わないで欲しい。みんな一緒に闘った仲間だから…」

シュウシャの言葉が胸に突き刺さった。

説得

シュウシャは、出て行った仲間の悪口を一切言わなかった。だから、俺も出て行った選手やサポーターについて、一切悪く言うのはやめようと思った。

では、どうしたらいいか？…

第二章
日立台

考えた結論が、過去の過ちには一切触れないで、前だけを見よう、ということやった。

去年いなかった俺が何を言っても意味がない。過去を知らない俺やから、それまでのことは考えずに、知らないふりをして「みんなで前を向こう」と説いて回った。

「うちのサポーターは終わってるからな」

その言葉を聞いて、俺は諭した。

「終わってるからこそ、終わらせよう！」

「新たな関係を築いていこう！」

「前を向いていくメッセージを発信していき、それでも変わらんかったら、自分達から切り捨てよう。やるだけやっても変わらんかったら踏ん切りもつくけど、せっかくこのチームと契約したんやから、やってみようや」

みんなに「そんな簡単な話じゃない」と言われても、俺は引き下がらんかった。

「簡単に考えようや。落ちるとこまで落ちたんやから、上がることだけ考えよう。太陽工務店（レイソルのサポーターチーム）だって、全部が悪いんじゃないやろう？　良いときはほんまに熱烈に応援してくれるやろ？」

「確かに、良いときの日立台の雰囲気は半端ないけど…」

第二章

日立台

シュウシャが呟くのを聞いて、俺は以前日立台で試合をしたときのことを思い出した。

「そうやん！相手チームとしてここで闘ったときに、こんなにやりにくかったスタジアムはないで。みんなもそのときの無敵感を覚えているやろう？そういう風にもっていこうや。待っていても変わらんねんから、自分たちから変わっていこう！良い思い出を持っているからこそ、太陽工務店ももう一度ああいう思いをしたいって餓えているんやで。だから、あの雰囲気の日立台を取り戻そう！」

俺が人を説得するときに一番意識するのが、相手に自分と同じ光景を頭の中にイメージさせることができるか、ということ。このときは、日立台で選手、スタッフ、サポーターみんなが笑顔で、喜び合っている情景を思い出させたかった。乱闘のシーンがよぎる日立台の光景を、頭からぬぐい去るために。

「そう言っても、オカはレンタルだから、レイソルが駄目でもフロンターレっていう帰る場所があるでしょ？俺達はここでやっていくしかないんだよ」

俺にとってチャンスのフレーズが出た！

レンタル移籍。文字通り、別のチームから借り出された選手。

「だからこそ俺は思いっきり、しがらみなくできるねん。あかんかったら逃げ帰るから。

そんなヤツ、今まであんまりいなかったやろう？」

ここぞとばかりに俺はまくし立てた。

「みんなはレイソルで生きていく人間やから、嫌なこともしまいこんでじっと耐えないといけないいって殻に閉じこもっていたんやろう？俺は突っ走っていくから！もうあかんと思ったら逃げるから。だからみんなは俺の横で一緒に走らんでいいから、いつでも立ち止まれるように後ろをついてきて。それでどんな反応がおきるか、後ろから見てて」

「そうやって傷付くのは怖くないの？」

「大丈夫、去年も傷付いたし」

アビスパでの苦い経験は、俺を少しだけ強くしてくれていた。

「それでも、俺にはいつでも癒してくれるフロンターレサポの存在があるから」

「そんなにフロンターレのサポは良いの？」

「めっちゃ最高やで！温かいねん。どんなときでも支えてくれるし、絶対に選手の味方でいてくれる」

「いいな。サポーターが何するか分からないなんて、そんな怖さがないんだね」

「あの人たちを笑顔にさせたい！そう思ったら、力が湧いてくるで！そんな風に思って闘うチームは絶対に強くなるし、みんなで1つになって闘おうと思えるようになる」

「俺達にも、そういう時期はあったんだけど、どこで歯車が狂ったんだろうな…」

「もう、その歯車は狂ったまま放っとけばいいねん。新たな歯車を作っていこう！みんなが、一緒に支え合って回す歯車を」

「なんか、オカの話を聞いていたら、そんな風になれる気がしてきた。なれるかな？」

「シュウシャやユウタがそう思ってくれたら、そうなっていくで！だって、2人はレイソルの歴史そのものやから。大きな溝ができたでこぼこ道を歩くんじゃなくて、新たな道なき道を切り開いていこう！俺が先に突っ走るから、地ならしを頼むで！」

サポーターのイメージを変える方法

いつの間にか熱くなってそうは言ってしまったものの、実は正直なところ気が進まなかった。

レイソルに来る前は、一番やりにくかったアウェイのスタジアムがこの日立台だった。

なぜなら、対戦するチームの選手として対峙するレイソルのサポーターには、嫌なイメージしかなかったから。

もちろん、サポーターの人数やスタジアムの雰囲気から言えば、浦和レッズのホーム に乗り込んで闘うアウェイ戦が一番嫌だった。しかし、大観衆の声援は、脅威に感じる 部分だけでなく、逆にやりがいも感じる。あれだけの観衆が自分を見てくれている、と 思うと気合いも入る。

だけど、日立台は違う。ほんまに不快にさせられる。フィールドとスタンドがどのス タジアムよりも近く、その上サポーターが下品やから。あれは受けた人にしか分からん やろうけど、ヤジの罵り方が半端なく、パフォーマンスもお下劣やった。

いつかの敬老の日に日立台で試合をしたときに、7~8人の男がオムツを履いて整列 して、一斉に後ろを向きお尻を出して、「お尻ペンペン」をしてきたときにはびっくら こいた。

試合に負けて、チームのバスが出発したときも、このオムツ隊が最後まで侮辱の限り を尽くしてきて、

「おーい負け犬!もう二度と日立台に来るんじゃないぞ!また、お尻ペンペンするぞ! ワハハハハハー!」

第二章

日立台

あのときはほんまに腹が立った。

(二度と来るか!)

と思ったチームに在籍することになったんやから、頭が痛くなるのも分かるやろう?

それでも、自分の意志で移籍を志願したときにレイソルのサポーターのことは覚悟していたし、自分の態度が中途半端だったことでアビスパのサポーターに不快な思いをさせてしまった自戒の念もあって、今度はとことん向き合ってみようと心に決めていた。

(これからも、プロサッカー選手としてやっていけるのかを試されているんだぞ!)

と自分に言い聞かせた。

レイソルのサポーターを思い浮かべたときに出てくるあのオムツ隊のイメージを、同じ「黄色の集団」として、俺の大好きな阪神タイガースのファンのイメージに変えようと思った。

自分がファンとして甲子園に応援に行ったときに、何が嬉しかったかを考えてみた。

思い浮かんだのは、選手が手を振ってくれたり、リアクションを返してくれたりしたときだった。

レイソルのサポーターにも、積極的にリアクションしていこうと思った。

でも、フロンターレのときみたいに、サポーターと一緒にアホなことをしようとは思わなかった。フロンターレのときは、俺がアホなことをサポーターとやりだしてから、周りの選手もつられてするようになっていったけど、このときのレイソルの状態を考えると、たぶんそうはならない。

「うちのサポーターは何をするか分からない」

そんな疑心暗鬼になっている選手の心が変わらんうちは、何をやっても独りよがりのパフォーマンスにしか見えへんやろうし、言葉は悪いけど、サポーターに媚びを売っているようにしか見えへん。そう思われたら、ただ俺がチームで浮いているだけの存在になってしまう。やるからには選手みんなを巻き込んでやらないと、逆効果になってしまう恐れがあった。

だけど、いろいろと話を聞いてきて、選手がサポーターと距離を置きたがっているのは理解できた。それでも、選手が「サポーターのために」と心の底から思いながらプレーするチームが強くなるのを経験してきたから、どうやったらそういう雰囲気にもっていけるかに腐心した。

理解者の存在

俺は、キャンプ中に年の近い選手達と話し合いを重ねた。

まず俺と同じ新加入組で、石さんとは3チームで、俺ともフロンターレで一緒やったイワオ（山根巌氏）。そして、俺とは高校時代からの付き合いで、この年レイソルに復帰したキタジ（北嶋秀朗氏）。それにレイソル生え抜きのシュウシャ、ユウタの5人で、チームが1年でJ1に復帰するためにはどうしたらいいかを、本音で話し合った。

このときに、扇の要になってくれたのがキタジ。

あえてこのメンバーにしたのも、キタジがいてるからやった。

イワオが最年長で、そこから1つ年下のシュウシャ、さらに1つ下が俺とキタジで、一番下がユウタという組み合わせ。

イワオは「オカのやりたいようにやれ」と全面的に支えてくれていたから、シュウシャとユウタを説得するのに一番気を遣った。やはり、レイソルに10年近く在籍していた選手達だから、俺の意見を押し通していいのかな…という遠慮もあった。

そんな2人と俺がスムーズに意見交換できるようにしてくれたのがキタジだ。キタジは外のチームの環境も知っていて、なおかつ2人とはレイソルで若手のときから一緒にやっているから、気心が知れてる。そしてキタジと俺も、高校選手権の優秀選手の合宿で出会ってからだから、かなり長い付き合いだった。

キタジは冷静に、レイソルを取り巻く環境や状況について教えてくれた。

そして、どうやったら改善していけるかを話し合った。

「やっぱりサポーターは勝利に餓えているから、負け続けてフラストレーションが溜まって、悪い方向に向いてしまうんだよね。だから、俺達選手は勝つことによって、プレーで示すことによって、サポーターも同じ方向に進んでくれるようになる。良いときのレイソルにはその一体感があったから、もう一度それを取り戻そうぜ」

「ほんまにその通りやけど、それだけでは弱いねん。キタジは経験がないから言わしてもらうけど、J2という舞台はほんまにきついねん」

俺はキタジに想いをぶつけた。

「J2では、負けだけでなく、引き分けでも取りこぼしになるねんな。勝ち続けていかなあかんねん。ほんまに長丁場の闘いの末に、勝ち点1で天国にも地獄にもなるねん。だから、早い時期にサポーターと一心同体にならんとあかん。そのためにはインパクトのあるメッセージをサポーターに届けて、一緒に闘おうと訴えて1つにならんと」

キタジは想いをぶつけると、その何倍もの想いが返ってくる熱い男である。それを知っているからこそ、俺は熱っぽく語り続けた。

「まずは選手の意識にある、サポーターは味方なのか？という不信感を拭わんと話にならへん。俺達の『サポーターの後押しがないと、絶対にこの過酷なJ２は乗り切ることができへんから、今までのことは水に流して、新たな気持ちでみんながサポーターと向き合えるように仕向けていこう」

そして俺は、心に秘めていた提案をぶつけてみた。

「勝ったときに、みんなでサポーターが歌ってくれた歌を、ダンスしながらお返しにコールしようや。『レッツゴー柏』をみんなで歌おう！」

「そうだね」

想いを共有してくれたキタジは、シュウシャとユウタを説得してくれた。

しかし、同じようなことを考えている集団がいたことを、このときはまだ知らなかった。そしてそれが、J１昇格を決定付ける最大の決め手になるとは思いもしなかった。

歩み寄り

5人で話し合った結果、開幕1週間前の「千葉銀カップ」というプレシーズンマッチの後に、決起集会を開いてみんなに提案することを決めた。そしてその段取りは、この年レイソルの選手会長になったタニ（大谷秀和氏）にしてもらうことになった。

タニは今でこそ「ミスターレイソル」としてチームを背負って立つキャプテンやけど、俺が出会ったときはまだ4年目の21歳の若手やった。普通、選手会長は中堅の選手がやるんやけど、中堅がいなくなったから、レイソルのジュニアユースから在籍しているタニに白羽の矢が立ったのだ。ベテランが一気に加入して来て、相談できる中堅もいない中、若手とベテランの橋渡しに尽力してくれた。このときから、将来レイソルを背負って立つ人物になるやろうと確信させる人物やった。

タニに決起集会の趣旨を伝えると、

「上の方達が決めたんなら、そのように計らいます」

懇意にしている焼肉屋を借り切って、決起集会を行う手筈を整えてくれた。

あとは、千葉銀カップで良いサッカーを見せるだけ。

しかし、フクアリ（フクダ電子アリーナ）で行われた試合は、精一杯闘ったけど0対

2で負けてしまった。

アウェイ席に陣取るサポーターの前に向かうときに、体が強張った。

ボロクソに言われたら、心を折られてしまうんじゃないかと怖かった。

「サポーターのために、自分たちから歩み寄ろう！」

と言っている自分が拒否反応を示してしまったら、みんなを導いていけなくなるんじゃないか、と。

「精一杯やった結果やから、下向かんと顔を上げてサポーターと向き合おう！」

みんなに言いながら、自分を鼓舞した。

ブーイングを覚悟した中、思わぬ拍手が沸きおこった。

「試合には負けたけど、良い試合だったぞ！」

コールリーダーが叫んだ。

「今年のレイソルのサッカーに、期待を抱かす内容だった。俺達サポーターも、今までの振る舞いを反省して話し合った。チームが崩壊したら、こんな悲しい思いをするんだと。本当にチームのためにしてきたのか、むしろ自分達の存在がチームにマイナスになっていたんじゃないかと」

みんなびっくりした様子で聞いていた。

「俺達は変わる！だからもう一度一緒に闘おう！今年を、新たなレイソルの歴史を作る1年にしよう！」

感動した。同じように苦しんだ末に、同じように自分達から歩み寄ろうと考えていた人達が、目の前にいた。片方だけが傷付くんじゃなくて、双方にとって痛みが残るんやなと痛感した。誰も好き好んでいがみ合いをしたいんじゃなく、歯止めが利かなくなる状況まで追い詰められると、不幸な道を辿らざるを得んようになるんかなと。

（この人達と、本気で向き合おう！）

俺は改めて強く決心した。そしてそれは、俺以上にシュウシャやユウタ達、昨年在籍していた選手達の心を溶かす、魂の叫びだった。

その後の決起集会で、頃合いを見て提案した。

「サポーターからのメッセージにあったように、俺達も変わらなあかん！サポーターも一緒に闘ってくれるんやから、勝利したら、お礼にみんなでサポーターに感謝の気持ちを込めて、応援のコールをしよう。『レッツゴー柏』を踊りながら歌おうや！」

そう言って、決を採った。あらかじめ主立った選手には了解をもらっていたので、若手は流れのまま手を挙げてくれて、全員が賛成をしてくれた。やっぱり、あのサポーターのメッセージが、みんなの心にへばりついていたものを洗い流してくれていた。

「よし！ほな、今からみんなで振り付けの練習するで！」

「えー？今から？」

そう言いながらも、みんな上半身裸になって、汗だくになりながら、遅くまで練習した。

みんなが笑顔で、サポーターのために

繰り返しになるけど、俺は最初からレイソルに骨を埋める気だったわけではない。帰る場所がある。だからこそ思いっきりやって、あかんかったらフロンターレに帰ろう。その開き直りがあった。

入団した当初も、

「石さんがいるから、石さんを男にしたいからレイソルに来た」

と言い続けた。

レンタルで来たのも、「フロンターレが大好きやから」とも。

だからこそ、選手にもサポーターにも、チームが良くなっていくためにはなんでもするし、どうせ闘うんならお互い仲良くしいやと、第三者的な発言もしていた。それについては、反発があった部分もあると思う。

だからこそ、「柏に家買っちゃえ！」というフラッグを見たときは驚いたし、嬉しかった。それは、サポーターの中にあった、そして俺の中にもあった第三者的立ち位置が崩壊した瞬間でもあった。この頃から、俺も意識的に「レンタル」というフレーズを使わんようになったし、「レイソルのサポーターのために闘いたい」と積極的に言うようになった。

フロンターレのサポが聞いたら複雑になるのを分かっていても。

帰る場所が、日立台なんだと思うようになったから。

岡山一成WEBコラム

川崎フロンターレオフィシャルWEBサイト内
「フロンターレ日記（2007年1月16日掲載）」より

麻生グラウンドを訪れたのは、ちょうど今から5年前。

小高い丘から見下ろしたグラウンドは、川崎の街として持っていたイメージからは程遠い田舎の田園風景がひろがっていた。この場所に3年間通っていたのに、レンタル移籍をするようになり、いつしか1年に1回契約のときに訪れる場所に変わっていった。だけど、その都度「お帰りなさい」と声をかけてもらい、俺自身も「帰って来たな」という想いを抱いていた。そのたびに等々力競技場への想いを強くしていった。あの競技場でどんな想いを感じるのか、その一心でやってきたつもりだった。

5年前、大阪の地にわざわざ俺を欲しいと言って、訪ねてくれた人が石さんだった。第一印象で抱いたイメージのままフロンターレでのシーズンを闘った。それはフロンターレサポーターも今なお心に残っているでしょう。あのとき、勝ち点1足りなかったことにより、どれほどの人達の人生の転機となったことか。俺自身もその勝ち点1に人生を翻弄された1人だった。チームすべての人達で勝ち取った勝ち点が1点足りないのを、どれほどの人達が自分の行動を振り返り、後悔をして、自分を責めたことだろう。俺も後悔して、自分を責めた1人だった。そのときに彷徨った昇格への魂は、翌年、たくさんのフロンターレに携わる人達に戻っていったのに、俺の元には還ってこなかった。

病室のベッドや、リハビリ中のチームの快進撃。自分の復帰の時期には見えてきた昇格。歓喜の輪の中で喜ぼうとしている自分。シャンパンかけの昇格の美酒に酔えない自分。膝がどうなってもいいからチームのため、サポーターのため、石さんのために。そんな想いで闘っていた2003年の昇格争いは、なんだったんや。だけど、確かにあのとき、魂を共有して1つになったのは、まぎれもない真実だった。共に笑い、共に泣いて、共に刻んだ時間はまぎれもない誇りだった。だけど、俺の心の時計はあのとき止まったまま動かなかった。昇格さえすれば動き出すのかと思っていたけど、アビスパで昇格しても壊れた時計のように動かなかった。それが去年、動き出した。それは俺自身だけではない力で動き出した。

「1万人の観衆の中で試合がしたい。友達や知り合いを連れてきて」そう呼びかけたら次の試合、2万人が詰めかけてくれた。試合の後、「1万人来て欲しいって言ったら2万人来てくれた。だったらもっと早く連れて来い（笑）」そのとき、たくさんの人達が動いてくれたことも知らず、言ってしまった。サポーターとの関わりを教えてくれたのはフロンターレサポーターだった。想い合うことの素晴らしさも教えてくれた。トラメガやみかん箱の上の小麦粉、初めて自分の応援コールを作ってもらったし、勝った試合の後で一緒に歌ったりもした。サポーターフェスタでのふざけ合い。きりがないほどの思い出がある。レンタル移籍する際の5百通にも及ぶ励ましのメールはほんまに嬉しかったし、帰ってこようと思った。だから、フロンターレでの思い出と重なることは、アビスパではしないでおこう。そう思っていたら良い関係を築けなかったし、フロンターレサポーターの温かさが身にしみた。石さんがもう一度、J2でチャレンジをするのを知り、他のJ2のチームへのレンタルが決まりかけていた段階だったけど、石さんの元でやることに決めた。フロンターレのフロントや相手先のチームにも迷惑をかけたけど、止まったままの時計の針を動かすために。その時に自分の中での持論のサポーターが持つ勝ち点10の力をプラスするために、フロンターレのサポーターとの思い出と重なってもレイソルのサポーターとの関係を築いていこうと決めた。それが去年1年の俺のやってきたことです。湘南に勝ち、神戸が負けて昇格が決まり、石さんと抱き合った瞬間。2003年、広島に勝ったけど、新潟が勝ったため、昇格できずに彷徨っていた昇格の魂は俺の元に還ってきた。

歓喜に心から涙が溢れてきて、その涙と鼓動が止まっていた時計の針を動かした。あのとき、勝ち点1足りなくて、自分自身を悔やみ責め続けたフロンターレのすべての人達が、俺を、石さんを、イワオを祝福してくれた。2003年の自分が俺によくやったと、笑いながら褒めてくれた。

2007年から柏レイソルに完全移籍をしてプレーします。

フロンターレではなくレイソルを選んだのは紛れもなく俺自身での決断です。色んな想いや状況があっても、あんなに想ってくれて、心配してくれて、愛してくれたのに、俺はレイソルを選びました。ほんまにすいません。ほんまにすいません。ほんまにごめんなさい。

俺達の想いは。誰よりも熱く。
青黒に光る星と共に行こう。

もう一度、等々力で「ラブ川崎」を歌う。それを励みにやってきた。それなのに「レッツゴー柏」を発案した俺です。そして、等々力で勝ったとき、笑顔で「レッツゴー柏」を踊るでしょう。

そんな俺やけど、信じてください。ほんまに大好きでした。ほんまにあなた達と過ごした期間は一生忘れません。レイソルのサポーターを大好きになった俺が言っても説得力ないけど、フロンターレサポーターと言ってひとくくりにして、あなた達の名前もわからないけど、あなた達と共に流した涙は一生忘れません。あなた達と共に笑いあった笑顔を一生忘れません。あなた達と共に刻んだ思い出は一生忘れません。

今の俺があるのもあなた達のおかげです。ほんまにありがとうございました。

第三章　ユアスタ

レイソルで過ごした2006年シーズンは、今考えると俺のサッカー人生で最高の1年やった。

12月2日の平塚での湘南ベルマーレ戦で3対0と圧勝して、石さんと一緒に昇格するという夢を叶えることができた。

千葉銀カップで誓い合い、確かめ合った絆は、日を追うごとにどんどん強くなっていき、チームにとってもサポーターにとっても、本当に素晴らしい1年やったと思う。


だけど、俺が本当に書かないといけないのは2007年シーズンのこと。

やっと俺自身もJ1に昇格できたと思ったのに、蓋を開けてみたら出場機会が激減してしまい、8月にベガルタ仙台へレンタル移籍することになった1年のことだ。

結局、またまた俺自身はJ1に定着できず、J2の昇格争いへ逆戻り。しかもその年ベガルタは4位でシーズンを終え、昇格することができなかった。

すべては俺が天狗になり、ふて腐れて、現実から逃げ出してしまったことが原因。

厳しい1年やったけど、この経験が本当に俺を成長させてくれた。

逃避

レイソルでの2006年は、「石さんと昇格しよう！」から始まり、サポーターと一体になり、サポーターのおかげで昇格できた1年やった。

「サポーターの力は、勝ち点10に匹敵するで」

サポーターの力について聞かれると、俺はいつもそう答えていた。もちろん本気でそう思っていたし、だからこそレイソルは昇格できたんだと今でも思ってる。

しかし一方で、俺自身はいつの間にか「自分のおかげで昇格できた」と思うようになってしまっていた。この過信が2007年シーズン、本気でサッカーと、レイソルと、サポーターと向き合えなかった原因だった。そんな気持ちがあったから、試合に出れなくなり、ベンチにも入れなくなっても、現実を受け止めないままだった。

（去年あんなに頑張ったのに…）

俺はどんどん石さんやチームに対しての不満を募らせていった。

それでも、関東圏の行ける範囲のアウェイゲームはチームの応援に行っていた。応援することで、ちょっとでも力になれればいいな、と。応援の力を、サポーターに教えてもらったから。

でも正直複雑な気持ちだった。チームが勝って喜ぶ中でくすぶる寂しさ。その心のバランスのズレが怪我を生み、体調も崩しがちになっていった。

決定的だったのが、等々力でのフロンターレ戦のメンバーに入れなかったこと。どうしても、石さんとイワオと一緒に等々力に行きたかった。色んな想いを抱えながら、フロンターレからレイソルに移籍することを決断したから。勝ち点1足りなくて昇格できなかった等々力の地で、俺らが這い上がってきた姿を見せたかった。

このときばかりは、応援に行けなかった。

後でチームメイトから聞いた。石さんとイワオが拍手で迎えられたこと。俺の写真が試合のポスターに使われていたこと。

自分の心が、壊れた。

(なんで?去年あんだけやったのに、昇格さしたのに、サポーターを1つにしたのに、チームを良くしようとしたのに、なんでなん?……)

レイソルに完全移籍して迎えたJ1のシーズン。

サポーターのみんなはきっと期待してくれていたと思うし、試合に出れない間もずっと支えてくれて、俺の良かったときのプレーをもう一度観たいって、きっと思ってくれていたのに。俺と一緒に喜び合いたいと、きっと思ってくれていたのに。俺がフィールドに帰って来ることを、きっと願ってくれていたのに…でも俺は、現実から逃げ出してしまった。

そこから這い上がろうとせず、オファーを出してくれたベガルタに移籍を決めた。

もちろん、ベガルタからは必要とされているという熱意を感じたけれど、それ以上に、レイソルには俺は必要のない人間なんだと、勝手に自分で決め付けた。

第三章
ユアスタ

期待

入団会見をするために、ベガルタのクラブハウスに入ったら、自分1人のために何台ものカメラ、何十人ものマスコミの人達がいてた。

(俺って、こんなスター選手やったっけ?)

と思わず錯覚してしまいそうやった。

一通り、選手としての抱負や想いを語り、質疑応答になった。

「岡山選手と言えば岡山劇場が有名ですが、ベガルタ仙台でも何かされるんですか?」

驚いた。レイソルでアホなことをやっていた自覚はあったけど、「岡山劇場」というフレーズが仙台でも認知されてるとは。

記者会見の前に、練習場でチームメイトに挨拶したときも同じようなことを言われた。

「パフォーマンスの人だ」とか。

「岡山劇場するのか?」とか。

そんな中、同い年のコウスケ（木谷公亮氏）が、

「劇場かなんか知らんけど、負けたときに馬鹿騒ぎされて本当に腹が立ったわ」

これがベガルタの多くの人達が認知している要因やった。

「ほな、俺ってベガルタで嫌われてるん?」

「そんな認識もなかったの?敵にしたらおまえほどムカつくヤツはいないでしょう」

衝撃やった。俺、嫌われ者やったんや。

サポーターと話しても、みんな同じ意見やった。

「岡山選手ほどうっとうしい選手はいませんでしたよ。殴ってやろうかとも思ったし、岡山選手の笑顔が憎たらしかったですよ」

そのときの悔しさがよみがえったのか、ほんまに親の仇みたいな眼差しを向けてくる。

でも、みんなその後、目を輝かせて、

「ベガルタでも岡山劇場やってくれますよね！敵にしたらあれほど腹立たしいものはなかったですけど、味方としてどんなことをやってくれるか、今から楽しみで仕方がないですよ。ベガサポもノリが良いので、岡山劇場をみんなで盛り上げますからね！」

俺は正直、選手としてはあまり有名な選手でもなかったし、期待されて移籍したことなんてなかった。それが初めて、チーム全体が俺に期待してくれているのを感じた。選手の実力よりも、キャラ的な部分への期待の方が大きかったけど、それでも、「今のチーム状況を、岡山だったら打破してくれるんじゃないか」と思ってもらえたのが嬉しかった。何もないところから始めるよりは、劇場をしやすいやろうけど、「期待を裏切らないようにしないといけないいな」と気を引き締めた。

（あーあ、俺はまた嫌われ者にならなあかんねんな笑）

そう思いながら、ベガルタでどんな劇場をするか、楽しみで仕方がなかった。

共闘

２００7年には4位で昇格を果たすことができなかったが、２００8年にはベガルタに完全移籍をして、「今年こそ！」の気持ちでシーズンに臨んだ。ユアスタ（ユアテックスタジアム仙台）には、本当にいつもたくさんのサポーターが来てくれるし、劇場もかなり盛り上がって、チームとサポーターが一体となって闘えている実感があった。（このチームが昇格できないわけはない！）強いモチベーションでシーズン開幕を迎えた。

ところが、シーズン途中で降って湧いた「運営会社の赤字問題」や「社長退任騒動」。順調に勝ち点を積み上げていたはずが、いつの間にかチームは浮き足立ち、7月13日のセレッソ戦から「7試合連続勝利なし」という長いトンネルに突入してしまう。

そして迎えた9月7日のアビスパ戦で目にした光景は、今でも忘れられない。

室内アップを終えて息を整え、選手達は気持ちを1つにして、フィールドに続くゆるやかな坂を、勢いをつけて登っていく。

徐々に眼前に出現して来るスタジアムのライトの眩い光と、サポーターの歓声の渦の中に身を投じていくとき、テンションがたぎってくる。

しかしフィールドに出たときに目にした光景は、その日に限っていつものユアスタの光景ではなかった。

「プロ＝結果」

見慣れない大きな白い布が、俺達の前にメッセージと共に姿を現していた。

確かに、この試合で勝ち点3という結果を出せなければ、昇格がかなり厳しくなる状況であることは間違いなかった。だけど、どこか他人事のように突き放している感じがして、このフレーズは好きにはなれなかった。

「7試合連続勝利なし」という結果になってしまったアウェイ徳島ヴォルティス戦の後、俺は仙台から駆け付けてくれたサポーターと約束した。

「何かが足りない今の状況を絶対変える！だから信じて欲しい！」と。

アビスパ戦に向けて、各々が胸に期するものを抱えて練習場に集結した。

「俺はいつもふざけたり、オチャラけて盛り上げるのが得意やけど、今はそれじゃあかんと思うねん」

俺は自分の想いをみんなに伝えた。

「緊張感のある雰囲気を作るために、厳しいことでもお互い感じたことは言い合おう」

アビスパ戦に向けて、俺も含めて選手達は必死に練習した。

そうして迎えた試合で、目の前に現れた「プロ＝結果」というメッセージ。ここまでの不甲斐ない結果に、サポーターがいらだっていることが伝わってきた。

だけど、闘っているのは選手だけなのか？

「プロ」という言葉にしてしまうと、俺達選手だけになってしまう。

ほんまに闘ったのはプロだけか？

勝ったのも負けたのも、プロだけの結果なのか？


この試合に3対0で勝ち、8試合ぶりに勝ち点3をつかんだ。

でも、決して俺達だけで獲った勝ち点3じゃない。

いつもと違うコール。選手紹介や、選手入場のときにみんなで「カントリーロード」を歌うときでさえ、結果を求めて声を出し続けたことが、あの先取点を、そして、勝利を手繰り寄せたと思う。勝っても負けても色んな想いを共有し合う、ベガルタを心底愛し合う者達みんなでつかんだ「結果」じゃないのか。

サポーターの持ってる力は凄いで。サポーターが勝たせる試合は、絶対ある。だからこそ、7試合勝ちがなかったことも、みんなにも責任はある。全部含めて一心同体やと思う。だから「プロ＝結果」ではなく、「ベガルタを愛する者＝結果」なんじゃないかな。

そう感じた俺は、その想いをアビスパ戦の後すぐにブログに書いた。

ひょっとしたら、サポーターに反感を買うかもしれん。でも、どうしても「一緒に闘っているんだ」ということを、「俺達は一心同体なんだ」ということを、伝えたかった。

すると、次のユアスタでの試合のときに、また別のメッセージが現れた。

アウェイのロアッソ熊本戦に勝利し、連勝でユアスタに戻ってきた俺達の前に現れたメッセージ。フェンスに白い布が掛かってるのを見て、最初は「またあの横断幕か」と思った。

でも、文字が見えてきたとき、そこには俺達の気持ちを代弁してくれたメッセージが書かれていた。

「雑音なんて関係ねえ。共闘」

みんながどんな想いで、どんな気持ちで、どんな風にベガルタを想っているのか、あの横断幕が俺達に伝えてくれた。

その頃、運営会社の経営問題や、監督の進退問題がメディアを賑わせていた。選手もサポーターも試合に集中しづらい状況が続き、1ヵ月半以上も勝利から遠ざかり、昇格に黄信号が灯っていた。

それでもアビスパ戦は、みんなで闘って勝利することができた。

選手もサポーターも、いろいろな「雑音」がある中で苦しんだけど、でも、それ以上にベガルタが好きで、ベガルタを想っている。

だからこそ、俺達は共に闘っている。

再会の誓い

「共闘」という言葉でまとまったベガルタは、それから盛り返してなんとか3位でシーズンを終え、入れ替え戦に出場する権利を手にすることができた。

しかし、俺は戦力外通告を受け、入れ替え戦に勝っても負けても、ベガルタを去ることが決まった。

第三章

ユアスタ

俺の最後のユアスタでの試合は、入れ替え戦の第1戦だった。第2戦は磐田での試合。そこで昇格が決まっても、俺はもうこのスタジアムに戻って来ることはない。

磐田に行かないスタッフや関係者と最後の別れをして、スタジアムを去ろうとするときに、見覚えのない人が話しかけてきた。ロビーで沢山の人達に、別れを惜しみつつもサヨナラをして、振り返らずに踏み出した矢先だったので、気分的にはあまり良くはなかった。別れの挨拶を全員とはできなかったかもしれないが、ある程度のスタッフの人達とは交わせたと思っていたから。

見送りの人達が見えなくなった頃合いに、忍ぶように近寄って来たその人に、どこか警戒心を抱きつつも立ち止まった。

「岡山選手がベガルタ仙台に来てくれて、本当に感謝しています。こんなに一体感をもって過ごしたシーズンは初めてです」

その人は静かにそう切り出した。

「岡山選手と一緒に会場を盛り上げれて本当に楽しかったし、今年のこの一体感をずっとずっと継続していけるようにします。本当にありがとうございました」

この見ず知らずの人の言葉に、違和感を感じた。

サポーターにもスタッフにも感じたことのない感覚だった。

(この人は誰なんやろう?)

不思議な顔をしていた俺に、その人は耳元でこう囁いた。

「オカちゃん、ベガッ太だよ」

ほんまにビックリした。いつも一緒にスタジアムを盛り上げるため、手を取り合って頑張ってきたチームマスコットの、いつもの甲高い声が聞こえてきたから。

「僕は今まで、家族にすら自分がベガッ太君だと言ってません。チーム関係者でさえ知っている人はごく僅かです。ずっとボランティアでやってきましたが、プロ意識を持ってやってきたので、自分の存在を秘密にしてきました。だから、選手にも打ち明けたことはありません。それが自分の誇りでした。だけど、岡山選手にだけは、どうしても面と向かって感謝を伝えたくて、初めて打ち明ける決意をしました。岡山選手、本当にありがとうございました。あなたがしてくれたことを、ベガッ太君として、そして、僕自身としても一生忘れません。一体感というものがどんなものかを、岡山選手に教えてもらいました。少しでも受け継げるようにやっていくので、新たなチームでも岡山劇場をして、みんなを笑顔にしてください。そして絶対にユアスタに帰って来てください。待っていますから」

誰にも見られないところに車を停め、思いっきり泣いた。

戦力外通告を受けてから、ベガルタに関わる人達とサヨナラを交わすまでに、何度泣いただろう。

自分の不甲斐なさ。必要とされなかった悔しさ。別れの辛さ。

悲しみの涙は、決して心を癒してくれなかった。

でも、どんなに辛いときでも、どんなに苦しいときでも、どんなに悲しいときでも、笑顔で振る舞い、チームの歴史を愛くるしい笑顔と共に歩み、泣くことを許されない人が一緒に泣いてくれた。

岡山劇場が、本当に多くの人の心に届いているんだということが実感できて、少しは報われたような気持ちになれた。

もう一度笑顔で再会できるように、ベガルタでは「昇格」という結果を出すことはできなかったけど、また次のチームに行っても、岡山劇場を続けていこうと決めた。

余談だけど、それから2年後、浦項（ポハン）スティーラースの一員としてユアスタに凱仙して、ベガッ太君と再会した。

「オカちゃんおかえり」

「ベガッ太君ただいま」

耳元で囁き合いながら抱き合った。

長かったような、短かったような月日を感じさせない、いつもの相棒の笑顔がそこにはあった。

1日限りの劇場

岡山劇場を続けていこう――

そうは言っても、契約してくれるチームがなければ話にならない。でもこれまでとは違い、シーズンオフになってもどのチームからも連絡はない。トライアウトにも行ったけど、あかんかった。

（どうしたらええんやろ？……）

第三章

ユアスタ

気持ちの整理がつかぬまま、元旦にレイソルのユニフォームを着て、国立競技場のゴール裏に立った。

このとき、レイソルは天皇杯を勝ち進み、ついに決勝戦の舞台へと駆け上っていた。石さんに電話したら、

「観に来て、サポーターを盛り上げてくれ」

と言ってもらったので、チケットを手配してもらったのだ。

中途半端な別れをしてしまってから1年半が経ち、久しぶりに太陽工務店のサポーター達と再会した。

「お前ら気合いが足らんぞ！裸になって気合いを見せろ！」

トラメガを持ったリーダーが、若い連中をどやしていた。

「はい！」

真冬の凍るようなスタンドで、みんな上半身裸になった。

（嘘やろう？俺にも裸になれと言ってきたらどないしよう…）

空気的に裸を求められている感じやし、脱いだら盛り上がるやろうけど、絶対嫌や。大

概のことはノリでやってまう俺やけど、この寒さはほんまにシャレにならん。良くて風邪で、下手したら凍え死ぬ。

サポーターはおもしろおかしくやっていると、どこかで思っていた。特にレイソルのサポーターは、試合前のアップで思わず笑ってしまうようなアホなパフォーマンスをしていたから。

それがなんや、この軍隊並みの統率力は。その中で、絶対的な権力者がトラメガを持っているコールリーダーだ。気軽に「貸して」と手にしようとすると、側にいた若いサポーターが止めに入った。

「トラメガはコールリーダーが持つって決まってるから」

確かに、そうやな。

みんながみんな、トラメガを使ったら収拾がつかんようになる。だから、サポの中でも限られた人しか使えん。いつかは自分もトラメガを使えるポジションになりたい、と思っている中、選手やからって勝手に使われたら気分良くないわな。

気迫に押され、手を引っ込めようとしたとき、

「何言ってんだ。オカはわざわざ俺達のために駆け付けてくれて、一緒に闘ってくれる

んだぞ！そんなオカを仲間として認めないのか？」

コールリーダーが凄んだ。

「そんなことないです。ただ、トラメガは…」

「オカはこのトラメガで俺達にいつも想いを伝えてくれてただろ。それがどれだけ力になった？今日もみんなの背中を押してもらおうぜ。オカ、頼むぞ！」

と、俺にトラメガを差し出した。

「いや、でもやっぱみんなに悪いから…」

遠慮すると、コールリーダーは笑った。

「今さらそんなキャラじゃないだろ。さんざんおもしろおかしくしてきたんだから、今日も岡山劇場やってくれよ」

試合が終わるまで、俺はサポーターと一緒に最前列で声をからしてコールし続けた。

残念ながらレイソルは優勝できんかったけど、サポーターがチームのためにどれだけ想いを伝えようとしてくれているかが、本当によく分かった。そして多くのレイソルサポが、「無職」の岡山一成を温かく迎えてくれた。岡山劇場を通じて、チームが一体になるように頑張ってきたつもりが、いつの間にか自分が岡山劇場に支えられていることに気が付いた。

12年間、Ｊリーガーとしてやってきた自分を褒めてあげたいし、誇りに思う。

でも、俺はもうＪリーガーではない。

1月になっても、どのチームからも連絡がない状況は続いた。

マリノスに月20万円で入ったテスト生が、12年の時を経てまた、

「20万円でもいいので契約してください、お願いします！」

と言っても、断られた。

「キャンプに自費で参加させてください！」

と言っても、断られた。

行き先が決まらないまま、各チームは次々とキャンプインし、新しいシーズンへ向けてスタートを切っていく。

正直、心が折れそうやった。

でも、入れ替え戦で負けてしまった後、ベガサポのみんなが口々に、

「仙台に来てくれてありがとう！」

「絶対サッカーやめんなよ！」

そう言って握手をしてくれた人達の想いは、ほんまに俺を救ってくれた。

俺のベガルタでの日々は、間違ってなかったと。

そして元旦に改めて、岡山劇場を通じて自分が勇気をもらえた。

いつ呼ばれるかも、いつ決まるかも分からない。いくら嘆こうが、いくら「なんでやねん！」と叫ぼうが、状況が変わるわけではない。

でも、諦めることはやめた。

いつ呼ばれてもいいように、トレーニングをし続け、絶対にJリーグの舞台に戻ることを、自分に、そして応援してくれる人達に誓った。

韓国へ

2月に入り、相変わらずJリーグのチームとは契約交渉すらできない状況やったけど、シンガポールやタイ、インドなどアジアのチームからは、練習参加の打診はいくつかもらっていた。中には「飛行機代とか宿泊費は全部用意するから、一度来てプレーを見せて欲しい」という話もあって、アジアの事情に詳しい人からも「すぐ契約できるだろうから行った方が良い」って言われた。

本当にすごいありがたい話やったけど、でも全部断ってしまった。プロサッカー選手に戻りたい、というよりは、やはりＪリーガーに戻りたい、と思っていたから。そしていつかはベガルタと対戦して、ベガルタに勝ってＪ１に上がって、等々力で試合をするんだ、ということをモチベーションにしていた自分に、嘘がつけなかった。

だから、他の国とかＪＦＬのチームというのは、自分の中で選択肢から消していた。Ｊ２のチームで、ある程度昇格が狙える力のあるチームと契約をしたかった。

もう一度ユアスタに立ちたい。

そしてもう一度等々力に立ちたい。

俺にはまだまだやれる自信もあったし、契約をしてくれなかったチームに対してそれを証明したいという想いもあった。


3月に入った頃、あるサッカー関係者から電話がかかってきた。

「岡山、韓国の浦項っていうチームに行く気はないか?」

それに対して俺は、

「どうしても今は、Ｊリーグに拘ってやっていきたいと思っているんですよ」

と言って、それまでと同じように一度は断った。

一応、気になったからネットで調べてみると、

（ええ？ＡＣＬでフロンターレと同じ組やんか！）

なんと5月19日に、等々力でフロンターレ戦がある。

（コレや！）

慌ててその人にもう一度電話した。

詳しく聞いてみると、Ｋリーグ（韓国のプロリーグ）には「アジア人枠」というものがあり、そこで契約できるアジア人を探しているらしい。「プレーの映像を送ってくれ」と言われたので、そんなもの持ってなかったから、友達に手伝ってもらって、慌てて試合のビデオを編集したＤＶＤを作って送った。

浦項の監督やコーチは興味を持ってくれたらしいけど、そのときは残念ながら登録期限の関係で契約までには至らなかった。

一度は諦めたものの、4月に入ってもＪリーグのチームとは契約ができない状況が続き、1人でのトレーニングに嫌気が差していた俺は、

「練習だけでも参加させてもらえませんか？」とダメもとで連絡をしたところ、快く受け入れてもらえることになり、5月上旬に韓国に乗り込んだ。

残念ながら、5月19日の等々力の試合には出れないけど、それでも浦項とフロンターレが勝ち進んでいったら、決勝トーナメントでまた対戦する可能性がある。それをモチベーションに、7月の登録期間に向けて、約2ヶ月間の練習生生活が始まった。

そうして7月中旬になってようやく、プロサッカー選手に戻ることができた。

オカヤマクッチョン

浦項と契約して約1ヶ月、8月22日のリーグ戦で、約9ヶ月ぶりに公式戦のフィールドに立った。

久しぶりの試合で、途中から出たのに体の疲労が半端じゃなかった。

センターバックの2つのポジションに、俺を含めて8人の選手がいる。

出場停止や怪我などで今回やっとチャンスが回ってきた。

必死やった。あかんかったらすぐに2軍に行かされる。このチャンスを活かさなかったら次はない。

でも、チームの勝利に貢献できてほんまに嬉しかった。

その余韻に浸るヒマもないまま、すぐ次のカップ戦で出場する機会があった。

ホーム&アウェイで勝敗を決める闘いの初戦に1対2で負けていて、勝ち上がるには最低2点が必要やった。ベンチで見守っていたら前半にゴールを決められ、勝つには3点が必要になり、監督はすぐに動いた。前半20分でボランチの選手を下げて、攻撃の選手を入れた。

(今日はどんどん攻撃の選手を投入するんやろうな)

と、唯一DFでベンチに入ってる俺は思っていた。

するとハーフタイムに入り、アップをしてる俺をスタッフが呼びに来た。

ロッカールームに入ると、監督がホワイトボードを使って戦術の説明を始めた。

「岡山をFWに入れて3トップにする」

(えー!フォワード?)

みんな俺と監督を交互に見て、(ほんまに?)という顔をしていた。誰も俺が昔FWやってたことを知らんし、練習もしてなかったから。

フィールドで円陣を終えた俺に、サポーターがコールをしてくれた。

でも俺がセンターサークルに近付いていくと、スタジアムがどよめいた。

（えー！フォワード？）

そして、相手チームの選手もどよめいた。

（フォワードなの？）

あまりにも予想外な選手交代で、相手にも動揺が残る中、相手に1点は取られたものの、浦項は3点を奪い2戦合計で同点に追い付くことができた。

（あと1点！）

そう意気込む中、浦項のセンターバックの1人が、2枚目のイエローカードで退場になってしまったので、俺は当たり前のようにセンターバックの位置に入った。

そのときは誰も驚かなかったし、ざわめきもなかった。

DFW（ディフェンダーフォワード）。DFとFWの両方を兼ね備えた選手なんだと初めて認識してもらえた瞬間やった。1人少ない劣勢の中、相手も1人2枚目のイエローカードで退場になり、さらにその判定に激高した他の選手が、止めに入った浦項の選手

第三章
ユアスタ

に頭突きをして一発退場になった。一気に2人退場になったから、10人対9人の闘いになった。

数的有利とホームの歓声を受けてさらに2点を追加して、勝ち上がりを決めた。

勝ってサポーターから「岡山コール」をしてもらったとき、浦項の一員として認めてもらえたんやと実感した。


ロッカールームに引き上げようとする俺に、サポーターからサッカー人生を共にしてきたモノを手渡された。真っ赤な色に染まったトラメガを。

（なんで？）

と不思議そうな顔をしてる俺に、サポーターは口々に「ユーチューブ、ユーチューブ」と言った。

（ああ、これも俺のサッカー人生には欠かせないものになってるんやな…）

トラメガのスイッチを入れて、久しぶりのオカヤマクッチョン（韓国語で岡山劇場）を開幕させた。

UAE 2009
AFC
CHAMPIONS
LEAGUE
CHAMPION

第四章　浦項

「夢物語です」

記者会見で記者に、

「岡山選手にとって、この決勝戦はどういう気持ちですか？」

と聞かれて、こう答えた。

いつしか自分の中で、これまでにおこったいろんなことが、物語を形成する上で必要なことだったんや、と思えるようになっていたから。

夢物語

ベガルタを戦力外になり、入れ替え戦でお別れをして、元日に国立競技場で「無職」としてレイソルの応援をし、浪人生活。

（フロンターレと対戦するんだ！）

その想いで韓国に来て練習生として過ごし、契約をつかみ、再びプロサッカー選手に返り咲き、２軍からのスタート。怪我や出場停止で巡ってきたチャンスをものにして、少しずつ試合に使ってもらえるようになった。来期のＡＣＬ（アジアのチャンピオンを決める大会）出場権獲得には貢献できたけど、今期のＡＣＬには１試合も出場することなく、決勝の国立競技場の舞台に戻ってきた。

「国立競技場はいつ以来ですか？」

記者会見が終わり、囲みの取材で聞かれた。

「今年の元旦にレイソルの応援に来て以来ですよ」

自然と笑いがおきた。

「選手としては？」

そう聞かれても、俺は拘った。

「あの日、選手じゃなく無職の岡山一成として、スタンドで闘いました。それでも、やっぱり柵の向こうに行けない、フィールドに立てない自分の状況を再認識して、絶対にプレイヤーに戻ろうと誓いました。それが俺の今年のスタートです」

国立競技場はたくさんの思い出が詰まった場所。

高校時代は「国立に行こう！」を合言葉に、青春のすべてを捧げた。高校選手権でベスト4に進出して、国立で試合をすることができた。試合に負けていっぱい涙を流したけど、青春の素晴らしい思い出として、今も色褪せていない。

2000年、マリノスでJリーグのファーストステージ優勝を決めたのが国立なら、チャンピオンシップで負けたのも国立だった。

2002年の元旦、セレッソで天皇杯の決勝を闘い、敗れたのも国立だ。

今まで国立でどれだけ涙を流したか…それでも、どれだけ悔し涙を流してきても、今年のサポーター席で味わった思いに比べたら幸せやと思える。

サポーターのみんなには失礼を承知で書かしてもらう。

選手として闘えるのは本当に幸せなんだ、と。あのフィールドに立てるのは、苦難を乗り越えてつかみ獲った選ばれし者だけなんだ、と。自分の想いを託して闘うのじゃなく想いを託されて闘いたい、と。元旦の国立からの帰り道、強く思った。

2009年11月7日。俺に想いを伝えようと、闘いを見届けようと、たくさんの人達が国立に駆け付けてくれた。

(俺は幸せもんや)

アップの段階で泣きそうになった。

いろんなチームのサポーターが声をかけてくれた。

俺な、自分が1番分かってんねん。それぞれのチームをなんで去ったかを。いっつも最後の最後で、自分の弱さが出てしまったから。フロンターレでは昇格に関わることなく、レイソルでは最後の試合で外され、ベガルタでは昇格すらできなかった。想いを伝えるのも、自分だけだと弱い方に流されていってしまうから、みんなに支えて欲しいという気持ちの表れやねん。

（サッカーが上手かったらいいのに…）

（思う様にプレーできたらいいのに…）

そんな風に嘆いたり、羨んだりしながら、「成し遂げる強さが欲しい」とねだっていたんや。

だけど、サッカーは1人でするスポーツやないやん。チームメイトがいて、スタッフがいて、サポーターがいてる。力を与えたり、もらったりするのを、岡山劇場を通じて今まで何度も経験して、そのたびにサッカーが好きやと思えて、サッカーすんの辛いと思う以上に、サッカー続けたいと思わしてくれる。

俺、ほんまにサッカーをやめんでよかった。

どんな状況でも、どんなに辛くても、今回だけは絶対に確固たる想いで「やめない」と自分に言い聞かせ続けた。いつも、どこから沸いてくるか分からん弱気な虫も、今回は1回も出てこなかった。いつも、最後の最後で自分の弱さが出て、みんなを裏切ってきた俺やけど、やっとみんなに強い俺を見せることができた。

もちろん、試合に出たかった。みんながせっかく俺がプレーするのを見に来てくれたから。

だけど、ほんまに優勝したかった。アジアで1番になれるんやったら、「試合に出てないから何もしてない」と誰に言われようが気にせえへん。

ホイッスルが鳴った瞬間、涙が溢れ出た。ずっと、ずっと、泣いたらあかん、負けたらあかん、と言い聞かしてきた日々やった。涙を流したら自分の弱さを認めたことになる。サッカーでもう一度喜びの涙を流すまでは泣かへん。そう決めたやろ。何度も自分に言い聞かせたり、支えてくれる人達が言ってくれた。それでも、俺は弱いから、泣いてもうてた。

（なんでやねん、なんでサッカーできへんねん！こいつらと俺は、どう違うねん。俺がこのフィールドでプレーしたら、そんなにあかんのか？）

第四章

浦項

TVで試合を見ては嘆いた。それでも試合を見続けた。悔しさをバネにするために…

俺は元旦のあの悔しさから、いろんなことを乗り越えてアジアの1番になれたんや。その一員として、俺の胸に金メダルがかけられたんや。

表彰式が終わり、サポーターのところに行き、喜びを分かち合っていると、自然にスタンドに飛び込んでいた。

元旦に一緒に闘ったレイソルのサポーターが、「よく頑張ったな」と褒めてくれた気がした。

フロンターレ時代の俺の応援歌を歌ってくれたとき、フロンターレのサポーターが「今年はごめんな、来年、対戦しよう」と言ってくれた気がした。

スタンドの人達と手をつないだとき、ベガルタで入れ替え戦に負けた後、俺に「サッカーをやめるな」と言ってくれた人達が、「よく頑張ってサッカー続けたな」と言ってくれた気がした。

キャプテンマーク

夢物語には続きがあった。ACLで優勝したチームには、翌月のFIFAクラブワールドカップへの出場権が与えられたのだ。無職で国立競技場のサポーター席に立ってから1年も経たないうちに、まさか自分が世界一を決める大会に出ているなんて、予想すらできなかった。

キャプテンが準決勝でレッドカードをもらってしまったため、次の3位決定戦には出場停止となってしまった。そのため、俺にスタメンで出場するチャンスが回ってきた。すると監督が、みんなの前で俺をその試合のキャプテンに指名した。みんなが頑張ってくれたおかげでACLで優勝することができたし、さらにこのクラブワールドカップに出場することもできて、それだけでも感謝しかないのに、ACLで1試合も出ていなかった俺が、ましてや韓国中が注目している中で、日本人の俺がキャプテンなんかしていいわけない。ましてや、Jリーグでもキャプテンなんかしたことがない俺が、キャプテンなんかしたら絶対に駄目だ。

「オカ、そんなことはみんな分かってる」

辞退しようとする俺に、選手の中で最年長のキドンヒョン（キンキドン氏）が言ってくれた。

「だけど、オカがチームを思う純粋な気持ちに心が打たれたし、ACLの決勝で、オカが所属したチームのサポーターがあんなにも集まり、それぞれオカが付けていた番号のユニフォームを着ている光景を見て、俺達にとって、オカはスーパースターになったんだ。オカは、みんなのおかげで優勝できたと言うけど、俺達は、オカが浦項に来てくれたから優勝できたと感謝しているんだぞ。選手やスタッフやサポーターがこんなにも一体感を感じたことはなかったし、それを作り上げたオカを心の底から尊敬しているんだ。だからみんなで話し合って、オカにキャプテンをしてもらおうと一致したんだ。キャプテンしたことがないとか、J1でのプレー経験が少ないとかなんか、俺達には関係ない。今年のチームとしての最後の試合に勝って、世界3位になって、みんなで喜び合いたいから頼むぞ！キャプテン！」

試合後に泣いたことはいっぱいあるし、自分のプレーが不甲斐なさすぎてハーフタイムで泣いたこともあるけど、試合前に泣いたのは、後にも先にもこのときだけだった。

「今までのサッカー人生で1番のベストゲームは？」と聞かれたら、間違いなくこの試合だと断言できる。それぐらい、自分の力以上のものが出せた試合で、勝つことができて本当に嬉しかった。

契約満了

次の年は、チーム全体が不振やった。チーム全体を覆った燃え尽き症候群は、チームとしての向かう方向をバラバラにしてしまったように思う。

俺自身にも、昨年ほどの強い気持ちが失われていた。チームというのは生き物やから、1人1人のモチベーションの低下が、全体での試合の結果に如実に表れてしまう。ACLはなんとか勝ち進んでいたけど、Kリーグで勝てない状況は、自分達の力量ではなく、明らかに気持ちの問題だった。

俺自身もチームメイトを奮い立たす以前に、自分の中でやりきった満足感からか、新たに目標に向かって突き進む情熱を失っていた。

プロサッカー選手として契約してくれているのに、なぜ気持ちを高められないのか、自分に問いかけた。そうするともう一人の自分が、

（よくやったやん、もう十分にやりきったやろう）

と囁いてきた。

（これ以上何を求めるの？ 出来過ぎなくらいの物語やったやん。これ以上サッカーを続けても、あれ以上の喜びはもう体験できんで。それやったら、このまま引退した方がいいんじゃない？ 一区切りつけたら？）

それまで、「昇格」というものに取り憑かれたように拘ってきた。

それは、チームが昇格しなければ自分も評価されないから、というのももちろんあるけど、自分自身が常に昇格できなかったからでもある。

チームが昇格して、次のステージに進む段階で、自分はいつも試合に出れなくなるから。補強や若手の台頭でポジション争いが激しくなり、試合に出れない自分は蚊帳の外にいるような疎外感を味わってきた。それらを撥ね除ける力が自分にはなかった。弱い自分が顔を覗かして、「自分は必要じゃないんだ」と、いじける日々を過ごすようになる。だから本当の意味で、自分自身が「昇格した」と思えたことがなかった。

2009年は初めて、自分自身の力で逆境から這い上がり、自分が見たことのない世界を体験できた年であり、本当の意味で自分自身が「昇格したんだ」と自分に誇ることができた年だった。だから、2010年シーズンが終わり、浦項が新たな道に進もうとする中で、自分と契約しないと言われたときに初めて、「戦力外」ではなく「契約満了」という満足感があった。

「戦力外」という響きのイメージが悪いと言われて、いつの頃からか「契約満了」という言葉がサッカー界では使われるようになったけど、現場の人間にとってはどんな言葉に置き換えられようとも、「戦力外」としか思えなかった。「自分はこのチームの戦力から外されたんだ」と。

これまで、何回か「戦力外」を通告されてきたけど、あんなに辛い気持ちになるものはない。「必要じゃない」とはっきりと突き付けられるんやから。

まだまだ、自分はこのチームでやれると思っていたら、尚更別れが辛くて悲しい。だけど、浦項の強化部長から伝えられたときには、「本当によくやってくれた」と言われたし、自分も「良い経験をさしてもらえました」と、満ち足りた気持ちで感謝を告げることができた。

それから30分くらい、俺が来てからの思い出話を、お互いが笑い転げるまでし合った後に、俺が浦項の一員として過ごした日々を写真に収めた、世界で1冊だけのアルバムを手渡してくれた。

「感謝の想いを形にしたくて、チームとしてアルバムを作ったんだよ。浦項スティーラースでの日々を忘れないで、これからも良い付き合いをしていこう」

ページをめくるたびに涙が溢れて、アルバムを見ることができなくなった。

自分から見ても、最高の笑顔で輝いている寛平ちゃんスマイルの俺が、何十枚も写っていたから。

「外国人枠で契約してもらったのに、あまり試合に出れなかった俺にここまでしてくれてありがとうございます。浦項スティーラースで過ごせた期間は本当に幸せでしたし、貴重な体験をすることができました」

そう伝えると、

「オカを元々バックアップ要員として獲得したけど、こんなにチームを、選手、スタッフ、サポーターを一体にしてくれて、これほど良い方向にもっていってくれるとは思ってもいなかった。こちらの方こそ浦項スティーラースに来てくれてありがとう。若手に経験を伝えるのを見てきて、将来はコーチで戻ってきて欲しいと思っているから、絶対に帰ってきてくれよ」

と言ってくれた。

涙でむせ返りながら、「絶対に帰ってきます」と答えた。

チームのために

それは俺が初めて、コーチというものを明確に意識した瞬間やった。

それまでは、選手として自分が出場することばかり考えて、出れなくなると違うチームに移籍することを繰り返してきた俺が、出れない中でもチームに貢献することの意味を、海外のクラブで教えてもらうとは思ってもいなかった。

試合に出れないストレスよりも、チームが勝ち進むことで感じる快感を、この歳になって初めて知った。ＡＣＬという、負ければ終わりという舞台だったこともあるけど、１試合も出なかった俺をチームメイトとして仲間に入れてくれて、

「オカを日本で行われる決勝の舞台に、凱旋させてあげよう！」

と言ってくれたチームメイトに、本当に感謝している。だから、俺の日本での経験を聞いて、取り入れようとする選手には惜しみなく自分の経験を伝えていった。

一つの例を挙げれば、筋トレがある。

韓国人は筋トレが大好きだ。だけど、重いバーベルを持ち上げたり、スクワットしたりするだけやったから、俊敏さに欠けるところがあった。だから重りを持たずに、早く動かす中で、乳酸が溜まった状態で筋トレをする方法を教えて一緒に取り組んでいった。

最初は2~3人だったのが、最後の方では10人以上に教えることになり、俺の方がクタクタになった。それでも、「自分はどんな筋トレをしたらいいか」と聞いてこられたら、嬉しくていろんなことを教えたくて仕方なくなっていた。

それまでは、ライバルと一緒のことをしていては駄目だと、自分でチームとは別のトレーナーと契約してトレーニングをしていたのに、自分の助言によって成長していくのを見るのが、これほど嬉しいことなんだとは思わなかった。

それまでは、若手の成長を見るほど嫌なものはなかったのに。

ポジションを取られる焦り、自分にはなくなった伸びしろへの嫉妬が、選手としての自分には現実を突き付けられる思いがしていた。

それが俺の中で変わっていったのはやはり、選手じゃなくなった期間に、「自分は何者なんだろう」と考えさせられたことが良かったんだと、今なら言える。

その当時はほんまに辛くて、「元Jリーガー」と呼ばれたくなくて、絶対に選手に返り咲こうともがいてた日々があったから、選手として契約してくれた浦項に自分のすべてを注ごうと思えた。だから、外国人でありながらでも、できることを精一杯しようと思い、それまではしたこともなかったことでも、すんなりとできるようになった。

ボールを思いっきり蹴れる場所もなく、公園でどう時間を潰せばいいかを考える日々に比べたら、試合に出れないことなんて苦しさでもなんでもなく、サッカー選手としての悩みなんかは、サッカー選手でいれるから味わえる幸せなんやと思えるようになった。

ここでの経験が、その後の俺のサッカー人生を大きく変えた。

第五章　札幌

「他の候補の選手との兼ね合いがあるから、1週間のテストで決めたい」

コンサドーレ札幌の強化部長から、そう伝えられた。

1週間以内にアピールをして契約してもらえなければ、サッカー選手には戻れない。

昇格しなければユニフォームを脱ぐ

どのチームとも契約のないまま、早くも5ヶ月が経っていた。その間、スペインのチームに練習参加もしたが、契約には至らなかった。自分の気持ちを熱く燃え上がらせるような チャレンジができる場所を、探していた。

6月に入り、コンサドーレから連絡が入った。

入団テストを兼ねて、練習に参加しないかと。

(これだ!)

直感的に確信した。

コンサドーレには石さんがいる。浦項で多くを学んだ今だったら、レイソルで中途半端な別れになってしまった石さんの力になれるんじゃないか。

第五章

札幌

「半年契約でオカと契約したい」

1週間のテストを終えて、強化部長から契約の提示があった。

ほんまに嬉しかった。自分をもう一度、サッカー選手として必要としてくれる。

「チームが低迷しているから、なんとか昇格に導いてほしい」

シーズン途中に俺と契約してくれたのは、もちろん昇格のためやった。

だけど、その時点で12位に甘んじていたチームの現状は、あまりにも昇格に向けて足りないことだらけだった。

コンサドーレの試合を初めて観戦したときに、

(このチームが昇格するのは、現時点では厳しいな…)

と率直に思った。選手達1人1人は誰もが一生懸命に動いていたけど、自分のことだけで精一杯で、チームとして上手く連動していなかった。

スタジアムの雰囲気も、サポーターは応援はしているけど、本当の意味で背中を後押しするような勢いがなかった。それに直前の試合で負けた後、ブーイングがおきたり、サポーターが選手に水をかけたりしたわだかまりが解けていないようだった。

感じたことをそれぞれの人達に言うのは簡単やけど、

（今のままやったら届かんな）

と感じた。「途中から来て何を簡単に言ってるんだ」と思われたら、なんの意味もない。言葉に重みがないと、何を言っても相手の心に響かない。特にチーム状況が悪いときに、苦しみを味わってない者があーだこーだ言っても反感を持たれるだけ。だから、俺はどうすればみんなが俺の話を聞いてくれるか考えた。

そして、自分自身の「覚悟」を公にするしかない、との考えに辿り着いた。それが、「コンサドーレが昇格しなかったら、来季はコンサドーレのユニフォームを着ない」と宣言することだった。

自分が良いパフォーマンスをしていけば、契約を更新してもらえて、来季もプロサッカー選手でいれるかもしれん可能性を、自ら断つことにした。だけど宣言することによって、コンサドーレに関わるすべての人にメッセージを届けることができると思ったし、自分自身のことより、チームのために動く覚悟ができた。

もう、自分自身が昇格することへの拘りはなくなっていた。

ただ、チームの昇格のために、すべての経験を捧げよう。

素直にそう思った。

覚悟を公にする

公の場で自分の覚悟を伝える前に、まずは一緒に闘うチームの人達に、自分の想いを伝えようと思った。自分1人だけが突っ走っても、決して良い効果は生まれない。

まず最初に伝えたのは、レイソルで苦楽を共にした監督の石さんと、フィジカルコーチの古さん（古邊考功氏）だった。二人は多くを語らず、ただ、

「そのつもりで頑張ってくれ」

「今のチーム状況を打開してくれ」

次に、俺の獲得の最終決断を下してくれた強化部長の三上さん（三上大勝氏）に伝えた。

「オカ、それは本当に重い言葉だぞ。言葉通りに受け取ると、オカ自身がどれだけのパフォーマンスをしたとしても、昇格しなかったら契約をすることができないんだぞ」

「全部を踏まえた上で、俺自身の覚悟を伝えました。どうか了承して下さい」

「それだけの覚悟を持ってくれたことに、素直に感謝したい。ありがとう。そして、チームを昇格に導いてくれ」

それからキャプテンのリュウジ（河合竜二氏）、選手会長のスナくん（砂川誠氏）、そして精神的支柱のゴンさん（中山雅史氏）に話をして、3人の了承を得てから、他の選

手、スタッフみんなの前で、自分の覚悟を話した。

そうしてチームみんなに伝えた後、記者会見やブログで公に発表した。

「自分はJ1昇格を成し遂げるためにこのチームに加入しました。昇格することしか考えていません。もし昇格できなかったら、自分からこのユニフォームを脱ぐ覚悟です。昇格するには選手はもちろん、スタッフ、フロント、サポーター、スポンサー、そしてコンサドーレに関わるすべての人々の『昇格したい!』『昇格させたい!』という強い想いが必要です。みなさん一緒に闘ってください!そしてJ1に昇格しましょう!」

サポーターとの話し合い

チームと契約して初めてのホームゲームのときに、俺の紹介をしてもらえることになった。俺は運営スタッフに、

「挨拶の前にサポーター席に出向いて、直接想いをぶつけさして欲しい」

とお願いした。最初は警備上の観点から、

「選手がサポーター席に行くのは難しい」

と言われた。だけど、自分がどれだけの覚悟を持っているか、想いをぶつけたら分かってくれて、了承してくれた。

一口にサポーターと言っても、チームごとに特色や個性が異なる。

そして、その色を決めているのが、コールリーダーという存在だ。良くも悪くも、コールリーダーが鍵を握っている。だから、サポーター席に行く前に、まずはコールリーダーとの話し合いの場を設けてもらった。

初めて会って、若いな、と思った。コールリーダーと共にやって来たサポーターも含めて、みんな20代前半の若いグループだった。

挨拶が終わり、まずは俺からこう切り出した。

「昇格するために、サポーターの力が必要やから頼むな」

「岡山選手は、今の12位という現状で、本当に昇格できると思っているんですか？」

ストレートに俺の本心を探ってきた。

（あんたは昇格できなかったらチームを去るだけだろうけど、俺達は応援するチームを変えることもできないし、コンサドーレと人生を共にしているんだから、今年云々だけではないんだぞ）

そんなことを言われているように感じた。

選手はサポーターのために。

サポーターは選手のために。

お互いがその気持ちを持って、信頼し合えるからこそ一体感が生まれる。

コンサドーレの試合を見て、その一体感を感じなかったから、まずそこから変えないとあかんと思った。

今やから正直に言うと、昇格は厳しいかなと思った部分もあった。だけど、俺がそれを口にするとすべてを台無しにするから絶対に言わなかったし、そぶりも見せないようにした。

「俺達の最終目標は昇格ではない。アジアチャンピオンになることなのに、今のチームはあまりにも不甲斐なさすぎる。だから、ブーイングも必要と思ったらしていきます」

コールリーダーが言った。

ブーイングというものは、諸刃の剣で使いどころが凄く難しい。体罰に似ていて、受ける方も理解できるときと、理不尽に感じるときがある。叩いた人が自分達を想って、自分達と同じように心を痛めてると感じたときは意味があるけど、ただ単に感情の赴くままコントロールができずに叩いたものだと、叩かれた方にも嫌な感情しか残らない。

（お前ら最低やな、こんなつまんない試合しやがって。金返せ！）

というような感情が入り交じったブーイングは、

（なんだよあいつら好き勝手しやがって！金払ったら何してもいいんか）

という感情を選手に植え付ける。

（お前らもっとできるやろ！俺達は信じてるから！この気持ち分かってくれ！）

というような想いを込めたブーイングに対しては、

（あいつらも、本当はブーイングをしたくてしてるんじゃなくて、俺達を叱咤激励してくれてるんやな）

と選手は感じる。

だから、コールリーダーには軽はずみにブーイングをしないで欲しい、と頼んだ。

「その代わり、不満があったら俺が直接聞いて必ず選手に伝えるから。せめて今年だけでもしないでくれ」

それ以来、コールリーダーが練習場に来て、試合の反省や、改善点について話し合うようになった。それを俺は選手に伝え、コールリーダーはサポーターに伝え、双方の要望を取りまとめていった。

コールリーダーの成長

コンサドーレの昇格に、このコールリーダーの成長は欠かせなかった。

外見はちゃらちゃらしたチーマーみたいで、人に対して高圧的な言葉を発していた男が、俺と話し合うようになってから変わっていった。

その変化の様子は、他の何人ものサポーターから俺に伝わってきた。

コールリーダーがスタジアム中を回って、

「一緒に僕達のリズムに合わせて下さい！」

と頼みに来てくれた、と、ゴール裏のサポーター席には行かないけど、メインスタンドやバックスタンドなどで、一緒の想いで闘っているサポーターの人達が何人も俺にお礼を言ってくれた。

ほんまに嬉しかった。

最初の頃、「自分達だけがチームを一生懸命応援している」という間違った意識を持っているように感じたコールリーダーに、俺は怒ったことがあった。

「スタジアムの一体感の鍵は、ゴール裏だけが握ってるんやないで。同じようにチームを愛し、毎回スタジアムに足を運んで来てくれているメインスタンドやバックスタンドの人達もいるんや。いかにして彼らと一緒になって応援していくかやねんで。俺はメインやバックの人達に、ゴール裏のコールに合わせて手拍子してもらえるようにできる限り促すから、常にそういう気持ちを持ってな。コンサドーレが好きなんやったら応援しろよ、じゃあかん。一緒に応援してください、と頼むんやで」

それから、試合前にアップをしてるときに、コールリーダーが拡声器で、メインとバックに向かって丁寧に呼びかける声が聞こえてくるようになった。

「メインスタンドのみなさん、こんにちは！選手を勇気付けれるように、僕達のコールに合わせて一緒に手拍子をお願いします！一緒に勝利できるように闘いましょう！」

アップしながらやけど、特にストレッチのときには選手にもその声が聞こえてくる。

「なんかコールリーダーの雰囲気が変わったな」

選手からもそんな意見が出始めた。

少しずつだが、選手とサポーターとの間に、信頼関係が築かれつつあった。

仲間になった瞬間

札幌に加入して約3ヶ月が経った。

7月に入ったときは12位だったチームが、3ヶ月間ホームゲームを無敗で駆け抜け、10月に入ったときには首位争いをするまでになっていた。

その頃、コールリーダーからこんな要望を受けた。

それまであった、「行け札幌！勝利信じ！最後まで闘え！」というコールを、「行け札幌！仲間信じ！最後まで闘え！」に変えて、そのフレーズを横断幕にするから、選手とスタッフのみんなにサインを入れてもらいたい、と。

コールは、そのチームの歴史と共に歌われてきたもので、いろいろな想いがみんなの中にある。それを変えるのには、「勝利だけがすべてではない。今年のメンバーとは仲間として、残りの昇格争いを一緒に闘いたい」との意思が込められていた。

「負けるときも、上手くいかないときでも、俺達サポーターを仲間だと思って、思いっきりサッカーをして欲しい」

と言ってくれた。

俺達は、本当の意味で仲間になったんだ、と感じた。

全選手とスタッフのサインを入れた横断幕ができあがったときに、コールリーダーからさらに2つの要望があった。

1つ目は、新しいコールを、選手達がアップ前にサポーターに挨拶に来てくれたときにお披露目したいから、それを聞いて欲しい、ということ。

もう1つは、試合後に横断幕の前で選手とサポーターとで一緒に記念撮影をしたい、ということだった。

その試合が終われば、チームはアウェイで3連戦を闘う。昇格をかけて、負けられない試合が続く厳しい状況だ。

「アウェイ3連戦に向けて、みんなの気持ちを1つにしたいんです。お願いします！」

俺はチームの了承を得るために走り回った。

まずは、アップを担当するフィジカルコーチの古さんに了解をとらないといけない。普段よりも早めに準備しないといけないから、いつもとタイムスケジュールが変わってくる。試合前に行うウォーミングアップは、試合にダイレクトに関わってくる重要な時間であり、それを任されている責任者としては、なかなかイエスとは言えないだろう、と思っていた。

事情を説明して、「アップの時間を早めて欲しい」とお願いすると、「直接コールリーダーから聞きたい」と言われた。俺と同じくらい熱い魂を持った男である。レイソルで共に昇格を経験しているから、サポーターの重要性は分かってくれていた。

コールリーダーは、古さんに精一杯の想いを伝えた。

「分かった。3分やるから、思いっきり選手を盛り上げてくれ。オカは選手にちゃんと了解を取っとけよ」

「石さんには？」

「石さんには俺が伝えて了解をとっておく」

試合後に一緒に写真を撮ることについては、運営を担当しているマネージャーのトシさん（斉藤俊和氏）に相談した。トシさんは選手の兄貴分的な存在で、俺が何かするにあたっていつも真っ先に相談する人だった。

「トシさん、みんながサインした横断幕をバックに、試合後にサポーターと選手で記念撮影をしたいんですけど」

事情を説明すると、要点だけを聞いてきた。

「それは勝っても負けてもするということでいいんだな？」

第五章

札幌

プロスポーツである限り、勝敗は常に付きまとう。それはつまり、負けたときのスタジアムの雰囲気が良いわけないから、その雰囲気の中でもやるのか、という確認だった。俺がコンサドーレに来てからは、ホームで負けたことがなかったから、負けたときのスタジアムの雰囲気は知らなかった。だけど負けたとき、どんな風になるか想像できるトシさんは、そんな状態で記念写真なんか撮れるのか、ということを危惧していた。

でも、俺は確信していた。サポーターが、「勝利信じ」を「仲間信じ」に変えるという意思を、俺は信じていた。

「勝敗に関わらず、仲間としての決意をみんなで共有するためにやりましょう!」

昇格争いの直接対決となるサガン鳥栖戦が始まった。

しかし開始早々にPKを決められ、後半に退場者も出てしまい、0対1で負けてしまった。ホームでの連勝が途絶えて、重苦しい雰囲気になってもおかしくないのに、挨拶するために場内を回っていると、

「今日の負けはしょうがない!昇格のためにこれからも応援するから頑張れ!」

サポーターから励ましの声援をいっぱいもらった。

そして、ゴール裏に辿り着いた。

「選手のみなさん！」

コールリーダーが叫んだ。

「俺達はどんなことがあっても、みんなを信じて応援するので、みんなも俺達を信じて一緒に闘ってください！」

そして、みんなで記念撮影をした。

俺の15年のプロ生活の中で、負けたのにサポーターと笑顔で向き合ったのは、初めてだった。

サブメンバー

実はこの3ヶ月の間、俺は選手としてはほとんどチームに貢献できなかった。

ほとんどの試合でサブメンバーとしてベンチを温め、そのまま出場することなく試合が終わった。

唯一、俺がフル出場したのが7月31日のＦＣ岐阜戦で、後半早々退場者が出てしまい、1人少ない中なんとか凌いで、1対0で勝つことができた。俺自身は久しぶりの公式戦だったわりには、試合感が徐々に戻り、まずまずのプレーを披露することができた。コンサドーレと契約してから1ヶ月、初めて勝ち点3に貢献できて嬉しかった。これからどんどんコンディションを上げていき、「昇格のために勝ち点を獲るぞ！」と息巻いた。

しかし、次の試合のスタメンに俺の名前はなかった。昔の俺やったら、文句を言ってふて腐れた態度をとっていたやろう。

「なんで俺が外されなあかんねん！無失点で抑えて勝ったのに、納得できん！」

と詰め寄っていたやろう。

そうやって、試合に出れなくなるとチームを転々としてきた。

でも、今だったらよく分かる。

サッカーは11人でするスポーツやけど、実際は18人登録をすることができる。そして、18人で闘ってるチームが勝利する。選手である限り、絶対にスタメンで出たい。これは誰もが共通して持ってる感情。だけど、実際には11人と決められ、後の7人はサブメンバーとしてスタンバイする。そして昇格する鍵は、このサブメンバーが握ってると言っても過言ではない。

サブメンバーと言っても、サブにいる理由はそれぞれだ。練習でのアピールが認められてサブに入ったり、コンディションの関係やチーム事情、試合でのパフォーマンスが悪くてサブに降格する形もある。

普通、チームが勝ってるときにはなかなか選手を入れ替えない。だからサブメンバーは、本心では負けることを願ってしまうことがある。特に、自分と同じポジションの選手が活躍すると、複雑な気持ちになる。だけど、昇格争いにおいて、スタメンとサブが同じ気持ちじゃなかったら、長いシーズンを勝ち抜いていくことは難しい。だから、俺は試合前のアップに向かう選手に声をかけていく上で、スタメンの選手以上に、サブの選手に神経を使い、それぞれの状況に合わせて声をかけるようにした。

「スタメンの選手が良いウォーミングアップをして、良い立ち上がりで試合を迎えれるように、アップから盛り上げていこう！」

俺は気持ちを昂らせるために、アップから大きな声を出している。選手それぞれアップの取り組み方についての考えは違うかもしれんけど、俺はみんなで声を出し合って、それぞれの声が1つになり、みんなの心を昂らせる方が良いと思っているから、「みんなで一緒に声を出していこう」と訴えた。

特に、サブメンバーが声を出すことで、効果が大きくなると思っている。スタメンで出る上で、サブメンバーが自分達を盛り上げようとしてくれてる、と意気に感じない選手はいない。サブメンバーの想いを背負って闘おう、と思う。

スタメンをフィールドに送り出した後、ベンチに向かう前に、ロッカールームでサブメンバーを集めいつも円陣を組んだ。

「俺達は、スタメンを最高の形で送り出した。だけど、ゲームの勝敗を決めるのは俺達やからな！7人の内、最大で3人この中から試合に出て、出れなかった選手の想いを背負って試合を決めるぞ！自分がヒーローになると思っていくぞ！」

サブメンバーの中でももちろん競争意識がある。だけど、3人しか出れない以上、誰が出るかを決めるのは監督で、試合状況によって出る時間帯や選手が変わってくる。俺は石さんとは長いから、だいたいどのタイミングで誰が出そうか予測できる。だからそれぞれのタイミングで選手に伝えていた。

「この試合展開やったら、あと5分から10分の間に呼ばれるやろう。そのときに…」それぞれの選手にアドバイスをしていた。

予測していた時間が過ぎたら、ベンチの後ろから、誰々はもうアップもできて、いつでも試合にいけるよ！と叫んでいた。

だから、スタメンの選手以上にサブの選手の活躍が嬉しかった。

悔しさや複雑な想いをチームの勝利のために押し殺し、ひたすら出番を待ち続けて、限られた時間の中で結果を出した選手は賞賛に値するし、自分達の想いを背負ってチームを勝利に導いてくれたことに、ただただ感動せずにはいれなかった。

俺自身、途中から出場する難しさを身に染みて分かっているから、余計に尊敬する。


真夏のロッカールームは蒸し暑い。いくらクーラーを効かせても、アップで熱気を帯びた選手が集まると、ムンムンとして汗がしたたる。特にＪ２のスタジアムには、クーラーがないところが多く、扇風機が気休めのようにあるだけ。だから俺は、タオルを持って選手の前に行き、扇いで風を送り、少しでも涼んでもらおうと思って、他のサブメンバーにも一緒にやるよう指示をした。年齢など関係なく、スタメンを外されてサブになった選手みんなが、「ちょっとでも涼んで試合に挑んで欲しい」とメッセージを込めて、フィールドに出て行く直前まで扇いだ。

バスタオルを振り続けるのはほんまにしんどい。だからこそ、スタメンの選手は意気に感じないわけがない。みんなの想いに応えようと頑張らない選手は、プロではない。

12位からの快進撃には、それも無関係ではなかったはずだ。

10月に入り、天皇杯の試合があったとき、チームはリーグ戦を優先するために、普段サブにいる控え選手をスタメンに起用し、試合に挑んだことがあった。

試合前、俺が例の如くサポーターを煽ってベンチに戻ると、そこにはいつもの光景が広がっていた。そう。普段タオルで扇いでもらってるレギュラー選手達が、その日ばかりはスタメンで挑む控え選手達をタオルで扇いでいたのだ。

ほんまに嬉しくて感動した。

札幌の10月は涼しい。でも、いつも自分達がしてもらってるからと、みんなが一生懸命にタオルを振る姿を見て、涙が出そうになった。

（このチームはほんまに1つになったな）

と感動して、このチームは絶対に昇格できる、と確信した。

3連敗

残り10試合を切り、なんとか昇格を争えるところまで勝ち点を積み上げてきたけど、そこから3連敗を喫してしまった。

首位まで勝ち点4差の2位まで上がってきた順位は、再び昇格圏外の4位に後退した。

さすがにサポーター席に挨拶に行く足取りが重くなった。3連敗をしたことによって、どんなリアクションをおこすかと、内心ビクビクしながらサポーター席を見ると、コールリーダーが泣いていた。

「俺達は、選手を信じて最後まで闘うと誓い合った仲間です！」

彼は泣きながら、選手に向かって叫んだ。

「だから、昇格を信じて、仲間を信じて闘うので、選手のみなさん思いっきり闘ってください！そして、サッカーを楽しんでください！俺達がついていることを忘れないでください！俺達は応援することしかできないけど、みんなの力になれるように、もっともっと声を出し続けるから、一緒に昇格しましょう！」

試合後、リュウジとスナ君の発案で、みんなで食事をすることになった。

各々が想いのたけを話し、最後にリュウジがみんなの前で話し始めた。

「あんなに信じて、一緒に闘ってくれるサポーターが俺達にはついている。ここまできたら、開き直って思いっきりサッカーを楽しもうぜ！」

徳島戦、みんなで思いっきりサッカーを楽しんで、2対0で勝利した。

選手とサポーターの絆が本物だと、証明した一戦になった。

黒のスタッフジャージ

2011年の試合も残すところ2試合となり、すでにFC東京が昇格を決めて、残る2つの枠を、コンサドーレと鳥栖と徳島の3チームで奪い合う構図になった。2位の鳥栖、3位の徳島に対して、コンサドーレは勝ち点3差の4位。アウェイ湘南戦で負けてしまうと、最終戦を待たずに昇格の可能性が消えてしまうかもしれないというところまで追い詰められていた。

遠征メンバーが発表されたボードを見た時点で、俺は覚悟を決めた。

メンバーに入れるのは18人なのに、遠征メンバーには19人が選ばれていた。だから、誰か1人はサブに入ることができない。チームにとって、選手を1人余分に連れて行くことは、経費が増えるから本来だったらしたくないはずだ。それでも19人を遠征に連れて行くことの意味を、俺は理解した。

（メンバーに入れなかったとしても、俺は今まで通り、昇格のためにできることを全力でしよう！）

と心に誓った。

試合当日、平塚競技場に着き、ロッカールームに入ると、俺のロッカーにユニフォームはなく、アップ用の練習着だけが置かれていた。

通常、サブメンバーから外れると、スタンドでゲームを見るのが普通やけど、もう祈るだけなのは嫌やった。だから、用具係のスタッフに、「スタッフ用の黒いシャツを持ってきて」と頼んだ。

「スタッフのですか？」

驚いて聞き返すスタッフに、

「スタッフとしてでもいいから、フィールドにいたいねん」

黒のシャツとジャージに身を包み、監督室のドアをノックした。

「石さん、俺、今日スタッフとして動きますから」

「頼むわ、盛り上げてくれな」

この言葉で充分だった。

リュウジとスナ君に事情を話し、俺の中で腹が据わった。


その前日、練習場から新千歳空港に向かうバスが出発する瞬間に、ゴンさんが上半身裸になって、雪が舞う中、

「絶対に勝って来いよ！」

とメンバーに気合いを注入してくれた。

バスの車内でも、あのレジェンドのゴンさんがあれだけやってくれるんやから、頑張らなあかんな、とみんなで気合いを入れた。

出発する前に、遠征メンバーが19人だと気付いて、ゴンさんが言ってくれた。

「オカ、どんなことがあってもチームを盛り上げてくれよ。任せたからな！」

ゴンさんは俺にとって憧れの人だったけど、今はチームメイトとなり、チームの精神的支柱になっていた。

ゴンさんに質問すると、自分が考え付かなかったようなことを教えてくれたり、自分

もまだまだ頑張らなあかんと思わせてくれる。

俺ももう33才やから、肉体が衰えていくことを愚痴ると、

「俺は33才のときに得点王になったぞ！歳を言い訳にするな！」

と叱ってくれる。

43才のゴンさんが、ベンチ入りできない現状に、

「ちくしょう！まだまだアピールが足りないな。もっともっと走らないと認めてくれないな」

と言って、練習に打ち込む。一番早くに練習場に来て、一番最後に練習場を後にする。そして、「もっと上手くなりたい」と、「若い選手に負けない」と、全力でサッカーに取り組む姿勢を見て、刺激を受けない選手はいなかった。

「オカの盛り上げは凄いなと思うけど、勝ってるときは誰でも盛り上げれる。オカには負けたときや、辛い状況でも、チームを盛り上げれるようになってもらいたい」

そうゴンさんは言ってくれた。

辛い状況でもチームを盛り上げろ、と。

第五章
札幌

「あれ、オカさんどうしてスタッフジャージ着ているんですか?」

「本当だ、なんか違和感あるよ」

みんなが気付きだしたから、

「今日はスタッフとしてベンチの横で、お前らにハッパかけるからな。そう言うたかて、いつもとやること変わらんけどな。選手とスタッフの狭間やから、間寛平でよろしく」

と言って、めちゃくちゃ似ている寛平ちゃんスマイルをした。

みんながどっと笑って口々に言ってきた。

「オカさんめちゃくちゃ似合ってますよ!」

「なんか違和感がないですね」

「間寛平さん、今日も盛り上げ頼みますよ!」

みんなが軽口を言って、ロッカールームの空気が和んだ。

負ければ昇格の可能性が消えてしまうかもしれない一戦。絶対に緊張してしまうし、ナーバスにもなってくる。俺のスタッフジャージ姿で少しでもリラックスしてくれたら、意味があると思っていたから、良かった。

アップに向かうために、サポーターの前に黒のスタッフジャージで行くと、スタンドがざわついていた。

いつものように、サポーターと声出しをした。

「行け札幌！仲間信じ！最後まで闘え！」

2対0で湘南に勝利して、昇格争いは最終節にもつれ込んだ。

最高のフィナーレ

最終戦を前に、チームの中で決めたことがある。他会場の結果は気にせずに、自分達は目の前のFC東京戦に勝つことだけに集中すること。

そして、FC東京に勝つためには絶対に欠かせないのが、ホームで威圧感を与えてくれる満員のサポーターの力だった。

最終戦の会場、札幌ドームは3万9千人を収容することが可能なスタジアムである。

その年の動員数は、最高でも1万2千人だったけど、J2王者のFC東京に勝つためには、3万9千人の後押しがどうしても必要だった。

選手や石さんが、それぞれのテレビ局に出演して、ドームに来てくれるよう訴えた。

俺もＳＴＶの「どさんこワイド」というワイドショーに出演して、視聴者にお願いした。
「サポーターのみんなには普段いっぱい言ってるので、この場では言いません。どさんこワイドを見ている主婦のみなさん。お願いします。お子さんと一緒に、12月３日札幌ドームに昇格の瞬間を見届けに来て下さい。子供達に夢を追いかける素晴らしさを生で味あわせてあげて下さい。当日券はまだまだありますので、ぜひ、昇格を一緒に果たしましょう。どうしても来れない場合は、ＳＴＶさんが生中継をして下さるので、テレビの前で応援して下さい。お願いします」

当日、ドームに３万９千人が駆け付けてくれて、選手を後押ししてくれた。

昇格を決めた瞬間、ドームが揺れた。

Pride of nara
NARA CLU
12
Squadra
MARU
INDUSTRY CO., LTD.

第六章　奈良へ

2011年の劇的な昇格をもって、岡山劇場は完結したと思った。

次の年、J1である程度の結果を残して引退するとチームに伝えていた。

「今年、コンサドーレでユニフォームを脱ぎます。最後まで全力を尽くします」

J2降格という結果やった。

チームスポーツである以上、結果は仕方がない。ただ自分を許せなかったのは、僅かな可能性がある限り、全力で立ち向かわなければならないのに、諦めてしまったことだ。それやのに、サポーターの前では最後まで闘おうと嘘をついた。そんな自分が嫌いになった。ペテン師やん。

みんなが無理やと思うことに挑戦する自分が好きやったのに…コンサドーレサポにサヨナラも告げずに、札幌の街を逃げるように去ってから、自問自答する日々やった。

嫌いになった自分を振り返ってみようと思ったのが、この本を書くきっかけやった。

書いていくうちに、元気になっていった。ウジウジしている自分が別人かと思うくらい、オモロいことをやってきた自分がいてた。サポーターの人達から「岡山劇場で元気をもらいました」と言ってもらえたけど、実は俺の方がみんなから元気をもらっていたんやな。劇場をしてあげてるんじゃなくて、劇場をさせてもらっていたんやな。それによって、どれだけ岡山一成は成長させてもらったのかを、この段階でやっと気付くなんて、ほんまにアホやな。

それと同時に、やっぱりサッカーがしたいと思うようになった。

そんなときにマツ君（松田直樹氏）が導いてくれた。

第六章
奈良へ

「オカ、メシ行くぞ」

1997年にマリノスに入団して、初めてメシに連れて行ってくれた先輩がマツ君やった。嬉しいというより、めちゃめちゃ気を遣った。テスト生としてマリノスに加わって間もない頃やったから、マツ君とそんなに喋ったこともなく、「アトランタオリンピックに出てた人や」と思ってる人からの誘いやったから。

真っ赤なラングレーというジープに2人きりで乗り込んだ。

車内の沈黙に耐えきれずに、

「この車なんてヤツですか？」

「ラングレー」

「なんかガンダムに出てくるジープに似てますね。さしずめ真っ赤やからシャア専用ラングレーって感じっすよね」

「わりい、俺ガンダム知んねーし興味ねーわ」

「・・・」

沈黙が苦手な俺は、無難にアトランタオリンピックの話を切り出した。

「アトランタオリンピックのブラジル戦はやっぱり…」

「わりい、アトランタの話は古いしもういいっしょ」

絶対この人と仲良くできんと思った。それからは「なんで俺はメシを誘われたんやろう?」と考えながら、気まずい状況を受け入れた。

沈黙に耐えられなくなった頃に、ようやく鉄板焼きのお店に到着した。

「マスター、こいつが話していたオカ、よろしくしてあげて」

めっちゃ貫禄のあるおやっさんが、

「お前がオカか。マツから聞いているぞ。美味い肉喰わしたる」

強烈やった。めちゃめちゃ美味かった。

「お前のことスッゲー好きなんだわ。今までのマリノスにいなかったタイプなんだよ。あれだけ全力でボールを追いかけるオカに感動したんだよね。好きなだけ肉を喰いな。

マスター、オカにどんどん美味い部位の肉を出したって」

大阪からやって来たばかりの俺には、標準語はオネエ言葉に聞こえた。マッ君はホモなんちゃうかな、とちょっぴり疑ったけど、肉を喰うことに専念した。

「いいか、プロになれたらこんな美味いものが食べれるんだぞ、だから絶対契約勝ち取れよ。プロ契約できたら、また連れて来るからな」

それから何回もその店に連れて行ってもらった。今までいろんな店に行ったけど、このときの肉が人生で一番美味しかった。プロサッカー選手はこんな美味いものが喰えるんやと、心の底から感動した。プロになって活躍すると、お金も、地位も、名誉も、美味いものも、車も、服も、みんな手に入れることができるということを教えてくれた。

2000年になって、DFに転向するにあたり、いろんな人達に相談した。そのときもマッ君がプロでやっていくためにはやれと薦めてくれたし、一緒に取り組んでくれた。DFをするには体を強くしなければいけないと、マッ君が契約していたトレーナーを紹介してくれて、練習が終わった後、一緒に筋トレをした。週2回はトレーナーのいるジムに行き、限界まで体を追い込むトレーニングをした。マッ君がこんだけ苦しいトレーニングを続けれるモチベーションを聞くことも、勉強になった。

「好きなサッカーで5年後も10年後もメシ喰っていきたいじゃん。俺、すぐ太るから。誰かに言われないと自分で追い込めねーし。本当に凄いヤツは自分で追い込めるんだろうけど、俺、すぐに逃げようとするから、トレーナーがいないと駄目なんだよね。体脂肪とかも油断すると10％とかすぐに超えちゃうし」

そう言って、好きな牛肉を食べずに鳥のささみなどを食べ、俺には、

「オカは体をつくんないといけないから、牛肉を喰え」

「マツ君もう無理やって」

そう言っても、「お前は喰うのもトレーニングだ」と羨ましそうに喰わしてくれた。


2001年。初めて戦力外になり、なんとかフロンターレに拾ってもらったとき、マツ君は大阪から関東に戻って来た俺を誘ってくれた。

「オカ、メシ行くぞ」

「お前の良さはなんなんだよ。思いきりの良さだろ。失敗しても前しか向かないとこなのに、さっきからウジウジして、つまんねーよ。初めて戦力外になってショックを受け

てるのは分かるけど、ちっちゃくまとまってんじゃねーよ」

「そんなん言うたかて、マツ君戦力外になったことないから分からんやろ。チームからいらんと言われたときは、俺も見返したるわと強気やったで。けどな、何日もどこからも声がかからんと年を越して、チームが始動するギリギリにオファーが来たからほんまに助かったけど、あのままどこもなかったらと思うとどうしていいか不安やった。だから、フロンターレでは大人しくしとこうと思ったんやん」

「分かった。オカは追い込まれないと駄目だから、オカにゲレンデ売るよ」

初めてゲレンデをマツ君が乗って来たのを見た衝撃は今でも忘れられん。ベンツのゲレンデヴァーゲン。初めて聞いたし、圧倒的な存在感の車に心を奪われた。今でこそ、いろんな人達が乗っているけど、あの当時は見たこともなかった。マツ君はこの車に乗るにふさわしいし、めちゃくちゃ似合っていた。

3年後に同じタイプの上のグレードのに乗り換えるのを耳にした後輩達がこぞって、「自分に譲ってください」とアピールしていたときやった。J2の自分が乗る資格なんかないと、マツ君に一度もお願いしたことなかったけど、本心では譲って欲しかった。

「今のオカには不釣り合いかもしれない。だけど、このゲレンデにふさわしい選手になってみろよ。俺はオカにそうなってもらいたいし、俺にとっても思い入れのあるゲレンデをオカに乗ってもらいたい」

　涙が止まらんかった。マツ君に憧れて、マツ君みたいになりたいと思っていたけど、日本代表として活躍すればするほど、どんどん遠い存在になっていく。お兄ちゃんみたいに思っているけど、マツ君にとっては俺なんか可愛がる価値もない人間になっていくような気がして怖かった。

「もう泣くなよ。ブサイクな顔がもっとブサイクになるだろ。分かってるよ。オカが不安になっているのも、もがいているのも。だけど、俺もこのゲレンデを買うときにかなり自分を追い込んだんだよね。そのおかげでもっと頑張らないとと奮い立たしてきたから。この車に乗って練習場に行くと、頑張ろうとパワーが出てくるから、オカも絶対もう一度Ｊ１に戻ってきて活躍できるから。末っ子で弟いなかったから分かんねーけど、オカは弟のようなもんだから頑張って欲しいんだよ。Ｊ１で対戦しようぜ」

「韓国の話って何?」

２０１０年の12月、マツ君から電話があった。

「韓国でお世話になった代理人が、マツ君に具体的にオファーを出したいというチームがあって、条件もかなり良いからコンタクト取りたいと言ってるんやけど、どう?」

チーム名は伏せるけど、名門で常に優勝争いをしていて、ACLにも出場しているチームやった。

「海外だったら他も話があるんよ。カタールなんか1億ぐらい出してくれそうだし。けど、やっぱ俺、金じゃサッカー頑張れないと思うんだよね。何かそこで得られるもんがないと」

「日韓W杯で活躍したマツ君やから、韓国でできることがあるんちゃうん?Jリーグを外から見るのも勉強になるで。一回話だけでも聞いてみいへん?」

少しの沈黙の後、マツ君が口を開いた。

「JFLの松本山雅FCっていうチームからオファーをもらえたんだよ。専用の練習場やクラブハウスなんかないけど、専用スタジアムがあって、サポーターがめちゃくちゃ熱いんだよ。Jリーグを目指すのもありなんかなと思っているんだよね。だから、わりいけど、韓国の話断ってくんねえ?行く気もないのに話を聞くのも失礼だから」

2011年8月2日。携帯の着信履歴を見て驚いた。普段話さない人達からの着信がめちゃくちゃあって、留守電もいっぱい入ってたから。

（マリノスの関係者ばかりやなー。なんか悪いことしたかな？）

と思って留守電を聞いてからの記憶がない。いろんな人達と話をしたけど、どっかで信じられんかったし、マツ君は大丈夫やろうと現実を受け入れなかった。何回もマツ君にはイタズラをされてきたから、タチの悪い冗談やと思い込みたかった。

2011年8月4日。誰から聞いたのかも、どんな風に伝えられたのかも覚えてないけど、コンサドーレのスタッフルームの石さんの前にいた。

「マツ君が死んだ？そんなわけない！なんでなん？また絶対に騙してんやって。会いに行く！会いに行って嘘つくなって言うたる！」

狂ったように取り乱す俺を押さえ込みながら、石さんが語りかけてくれた。

「マツのことは残念だし気持ちは分かるけど、今オカが行動しても迷惑をかけるだけだぞ。だから、詳細が分かるまで札幌で大人しくしているのも、マツへの思いやりだぞ」

今まで見たことのない優しい表情やった。俺は子供のように大きな声で泣き続けた。

第六章

奈良へ

2011年8月9日。羽田空港で待ち合わせをして、昔の仲間と告別式に向かった。

マツ君の写真を見ながらお焼香をした。

裏に行き、横になったマツ君を見ると笑っていた。

笑えてきた。腹が立った。

いつものイタズラした後の、してやったりの笑顔がそこにあったから。

「オカ、お前を騙すのほんとにおもしろいよ」

もう一度、そう言って欲しかった。

帰りの車中のラジオから、マツ君の声が流れてきた。

「俺、マジでサッカー好きなんすよ」

みんな、聞きながら泣いた。


2013年8月2日、アルウィン（松本平広域公園総合球技場）でのメモリアルマッチ。

「今日をもって、直樹のことで悲しむことをやめる」

ヤス君（安永聡太郎氏）が言ってるのを聞いて、俺もそうしようと思った。

松本山雅のサポーターの前で挨拶を終えて、ヤス君に提案した。

「松本山雅のマツ君コールをみんなでしようよ」

マツ君のコールを聞いて、本当に愛されていたんやなと思った。

「専用スタジアムがあって、サポーターがめちゃくちゃ熱いんだよ」

ほんまに言うてた通りやったよ。松本山雅のサポーターから、マツ君のフラッグを貸してもらい身に纏ったら、マツ君がこの地でどんな気持ちでサッカーしてたか、触れることができたような気がした。

「マツ君が愛した松本山雅のサポーターのみなさん。J1昇格して、いつの日かマリノスを倒して、優勝できるように頑張ってください！」

サポーターの前でそう叫ばしてもらった。

アルウィンでの試合を終えて、横浜に帰ってきて、お兄ちゃんとの思い出の場所を巡ったで。寮は取り壊されて、ふざけ合いながら飲み食いしていた店もなくなっていたけど、よく説教された定食屋が営業を続けていたのが嬉しかった。そこに行けばまた説教してもらえそうな気がしたから。

一緒に回ってくれた人が言ってくれた。

「時間は過ぎていくけど、思い出は残るんだから、前に進んでいかないと」

俺も、お兄ちゃんのことを思い出にします。前を向いて、現在の自分を精一杯生きていきます。本当に、憧れてました。ずっと、背中を見ていました。いつまでも俺の前を走っていて欲しかったけど。思い出を心に刻んで、お兄ちゃんの分も大好きなサッカーをしていきます。天国で会ったときに怒られないように頑張ります。

ほんまに、ありがとうございました！

2013年8月4日。マッ君への想いをブログに書いた後、オファーをもらっていた奈良クラブGMのやべっち（矢部次郎氏）に連絡を入れた。一度はJリーグのカテゴリーじゃなかったから断りを入れたけど、マッ君のように下のカテゴリーからJリーグを目指そうと思った。今は「選手兼奈良劇場総支配人」として、奈良という地域をどのようにして劇場型にしていこうかと、日々奮闘中の毎日だ。

この進む道の先にJリーグの舞台があり、みんなとの約束が果たせることを信じて。

おわりに。

2011年3月29日。大阪市長居陸上競技場で行われる日本代表対Jリーグ選抜のチャリティーマッチに、被災地の代表として、インフラも整っていない中やって来た、ベガルタのコールリーダーのノボル（高橋登氏）と再会した。

「この横断幕を、みんなの目に留まる場所に掲げたいんです。バラバラになったけど、この横断幕の元に再び集おうと訴えたいんです」

ウルトラス（日本代表のサポーター集団）はFC東京のコールリーダーの朝日君（植田朝日氏）が代表やけど、各チームのコールリーダーなどが集まって形成されている。だからこそ、日本代表の試合では、各チームの横断幕や応援歌は禁止というルールがある。だけど、このときばかりはベガルタの横断幕をメインスタンドの真ん中に掲げてもらった。

被災地の仲間に見てもらいたい、というウルトラスの気持ちの表れだった。

「ノボル、俺達2人がベガルタのサポーターの代表として、想いを届けなあかん。俺達の後ろには何万人ものベガルタサポーターがいるんやぞ。だから､想いをぶつけてくれ」

ノボルは2010年の秋からコールリーダーになったばかりで年も若く、ウルトラスの面々に気後れをしていたから鼓舞した。

「『ツイステッド』を歌いたいです。テレビのない避難所でラジオに耳を傾けている仲間もたくさんいるので、ベガルタのコールを届けたいんです」


ベガルタ仙台！ゴー！行くぞ仙台！俺達とともに、レディゴー！


この歌に、どれだけ勇気付けられただろう。この歌によって、何度も苦しいときの一歩を踏み出させてもらえた。今度は、自分がみんなの背中を押す声援を送りたい。

以前から交流のある朝日君に直談判した。

「ウルトラスが特定のチームのコールをしないのは分かっているけど、みんなの想いとして声を届けたい。観客全員で『ツイステッド』を歌ってもらいたい。主旨を理解してもらって、みんなに歌詞を覚えてもらいたいから、協力して欲しい」

二つ返事で了承してくれて、一緒にスタジアムを回ってくれた。

ノボルが被災地の現状を伝えて、俺がこのコールの意味を説明した。

「元ベガルタ仙台の岡山です。ベガルタの選手、スタッフ、サポーターが大事にしてきた言葉があります。共闘。嬉しいとき、辛いとき、悲しいとき、共に闘おうと励まし合ってきました。共闘という言葉とともに歌い合ったのが『ツイステッド』という歌です。被災地の仲間に届くように、みんなに歌ってもらいたいです。今から歌うので、メロディーと歌詞を覚えてください。よろしくお願いします！」

ベガルタ仙台！ゴー！行くぞ仙台！俺達とともに、レディゴー！

スタジアム全体にこの歌が響いた。

誰もが、この歌声が被災地に届くことを信じて歌った。

その年の夏にユアスタを訪れたとき、たくさんのベガサポから感謝の言葉をもらえた。

「テレビはなかったんですが、ラジオで『ツイステッド』を聞いて本当に勇気付けられた。この困難に一緒に共闘してくれる人達がいるんだと思えた。ありがとう」

何もできない無力感を味わい、呆然とするだけしかなかった状況の中、前に進もうと心に誓った、と言ってくれた。

あのスタジアムでのみんなの想いが、被災地に届いていた。

スタジアムに来てくれた人達とどのようにして盛り上がろうかと始めた劇場が、その場に駆けつけられない人達にも想いを届ける。1人1人の声は小さくても、みんなの想いを結集すれば、遠くで困難に立ち向かっている仲間に届く。岡山劇場は、人と人とを繋げる架け橋になれるんやと実感した。

自分が目立ちたい、認知されたい、必要な存在になりたい。承認要求から始まった。サッカー界から消えたくない…好きなサッカーをしているのに、終止符が打たれるのがいつなのかと怯えるようになり、どんよりとした等々力競技場が未来を暗示しているようで、このスタジアムの雰囲気を変えることは、自分の未来を変えることだと言い聞かせた。

変わりたい、変わらなければ、変わろう。

そんな想いからトラメガを持つようになって、変わっていく自分に驚いた。トラメガで想いをぶつけると、おもしろいほどリアクションが返ってきた。サポーターはこんな風に思っていたのか?選手はこんな風に考えていたのか?双方の想いを繋ぎ合わせていくと、思いもよらないことがおこっていった。俺が、自分が、と思い上がっていたけど、みんなが良い方向に導いてくれてたんやな。

それぞれのチームで、その地域に見合った劇場が、岡山一成という人間を成長させてくれた。誰かのためにと思えるようになってから、信じる強さを知った。それまでは、こんなことをするとサポーターはどう思うんやろうと気にしてばかりいた。

考えるよりも行動しよう。

どんなことをしたとしても、「岡山ほんまにアホやな」と笑って、温かく見守ってくれるサポーターがいると思えたから。岡山一成は思いっきりアホになれて、どれだけ辛いときでも、笑顔を忘れませんでした。

「サポーターは必要ですか?」との問いかけに、最後にみんなに言ってやる。

サポーターのいないJリーグなんか、タコの入っていないタコ焼きみたいなもんや。

サポーターのいない岡山劇場なんか、ピエロのいないサーカスみたいなもんや。

みんながいて成り立っているんやから、これからもしっかりチームを支えて(たまに俺も支えてくれ。笑)、サポーターとしての誇りを胸に、闘ってや。お互い頑張ろうな。

本を読んでくれて、ほんまにありがとう。

奥さんへ。

中学校の同級生で、成人式から付き合い、10年の遠距離恋愛をした後、結婚したときに俺は無職で、新婚生活は韓国。ほんまに俺のサッカーへの想いを一番に理解してくれて、サッカー選手の現実の厳しさを分かった上で、「選手をやれるうちはトコトンやり」と後押ししてくれる奥さん。俺は昭和の男やから、洒落たことはよう言わんけど、ほんまにいつも感謝しています。ボロボロになるまでサッカーをやるので、これからもよろしくお願いします。愛してるで。

花音ちゃんへ。

パパはね、世界中の誰よりも花音のことを愛してるよ。パパとママの娘で生まれてくれて本当にありがとう。花音ちゃんへの想いを綴ろうと思ったら、この本1冊じゃ足りんから、一言だけ伝えるね。花音の記憶に残るようになるまで、パパはサッカーを続けるので、これからも最高の笑顔でパパに力をちょうだいね。

2014年2月8日　岡山一成

SPECIAL THANKS（敬称略・順不同）
光 ／ 蹴球堂 ／ 鴇田和之（柏レイソルサポーター　一心同体！）／
木村一之 ／ 小嶋健次郎 ／ 横井和徳 ／ 浅野靖典 ／
デウソン神戸サポーター　マスカラ・デウス ／ 瀧澤隆之 ／
高橋邦浩 ／ 地球に笑顔を増やすチーム一同 ／ ゴースタ！ ／
中村賀一 ／ 郡山寿美枝 ／ Kyoko ／ やすくん ／ なあばす ／
ナカシ ／ 西本敏男 ／ 藤田泰雄 ／ 武部真樹子 ／
まつおかクリニック ／ 中川政七商店 ／ 株式会社丸産業

※本書の売上の一部は、一般社団法人松田直樹メモリアルに寄附します。

岡山劇場

声は届き、やがて力となる。

2014年4月24日　初版発行
2014年6月10日　第2刷発行

著者　岡山一成
スタッフ　安田智宏　鶴巻謙介　渡辺徹

発行者　岡山一成
発行所　株式会社モシダーヂ
〒232-0011　神奈川県横浜市南区日枝町 1-20-1-302
http://okayamakazunari.net/

発売　サンクチュアリ出版
〒151-0051　東京都渋谷区千駄ヶ谷 2-38-1
TEL　03-5775-5192（代表）／FAX　03-5775-5193

印刷・製本　中央精版印刷株式会社

定価及びISBNコードは、カバーに表示してあります。
落丁本・乱丁本はサンクチュアリ出版までお送りください。
送料小社負担にてお取り替えいたします。